领袖风范

写给青少年的伟人故事

陈晋
主编

华语教学出版社·北京
CNS | 湖南人民出版社·长沙

图书在版编目（CIP）数据

领袖风范：写给青少年的伟人故事 / 陈晋主编. 北京：华语教学出版社；长沙：湖南人民出版社，2025. 4. -- ISBN 978-7-5138-2585-6

Ⅰ. K827=7

中国国家版本馆 CIP 数据核字第 20259YY902 号

领袖风范——写给青少年的伟人故事

出 版 人　王君校
主　　编　陈　晋
出版统筹　钟　波
选题策划　宋培军
责任编辑　田玉晶
特约编辑　潘　凯
装帧设计　陶迎紫
排版制作　北京大有艺彩图文设计有限公司
出　　版　华语教学出版社　　湖南人民出版社
社　　址　北京西城区百万庄大街 24 号
邮政编码　100037
电　　话（010）68995871
传　　真（010）68326333
网　　址　www.sinolingua.com.cn
电子信箱　fxb@sinolingua.com.cn
印　　刷　三河市金元印装有限公司
经　　销　全国新华书店
开　　本　16 开（710 × 1000）
字　　数　155（千）　14.75 印张
版　　次　2025 年 4 月第 1 版第 1 次印刷
标准书号　ISBN 978-7-5138-2585-6
定　　价　30.00 元
（图书如有印刷、装订错误，请与出版社发行部联系调换。联系电话：010-68995871、010-68996820）

编者说明

本书是为青少年朋友而写的书，是一本反映老一辈党和国家领导人品格风范的故事书。

在实现中华民族伟大复兴的壮丽行程中，中国共产党涌现了一批功勋卓著的领袖人物。他们中间最杰出的代表，有毛泽东、周恩来、刘少奇、朱德、邓小平、陈云、任弼时等老一辈党和国家领导人。他们为中国共产党、中华人民共和国、中国人民解放军的建立、成长和发展，为中国革命、建设和改革，作出了彪炳史册的伟大贡献。

党的十八大以来，在上述老一辈党和国家领导人诞辰110周年、120周年、130周年的时候，习近平总书记都发表重要讲话，缅怀他们的历史功绩，阐述他们的品格风范，强调学习和发扬他们的伟大精神，从而把我们今天和未来的路走得更好，把我们今天和未来的事情做得更好。

对青少年朋友来说，学习党史，一个很重要的途径，就是学习和了解老一辈党和国家领导人身上的高尚品质和崇高精神。那么，他们的品格风范主要体现在哪些方面呢？本书根据习近平总书记在中央举办的毛泽东等老一辈党和国家领导人诞辰纪念座谈会上的讲话中的相关论述，分为八个专题，来讲述老一辈党和国家领导人品格风范方面的故事。

在写法上，本书考虑到青少年的阅读特点，在故事的选取和语言上，尽量通俗易懂，娓娓道来。

在这些故事里，读者朋友不难体会到，作为中国共产党人的杰出代表，毛泽东等老一辈党和国家领导人，捧一颗初心，扛一肩使命，披一路风尘而来；他们永远在路上，一生坚守在精神高地；他们心中有光，远方有灯，脚下有路；他们许党许国，忘我奋斗；他们身上迸发出跨越时空的真理的力量、信仰的力量、人格的力量、道德的力量……这些，正是人们学习党史需要传承的红色基因，需要赓续的红色血脉。

我们相信，前辈创造的人格史诗，在后人书写的章节里，依旧神韵不断，永远荣光。

目 录

不忘初心 坚守信仰

毛泽东 身无半文，心忧天下 / 002
我接受马克思主义后就一直没有动摇过 / 005

周恩来 我认的主义一定是不变了 / 008

刘少奇 为了劳苦大众的利益而奋斗到底 / 011

朱 德 为理想万里寻党 / 015

邓小平 打定主意，把我的身子交给我们的党 / 018

陈 云 今后不是做“成家立业”的一套 / 022

任弼时 寻找革命的出路 / 025

实事求是　注重调研

毛泽东	深入调查农民运动 / 030
	是一说一，是二说二 / 032
周恩来	离了材料就说不清，这是不允许的！ / 035
刘少奇	希望大家帮助我，向我提供真实情况 / 038
朱　德	“有多少米，做多少饭” / 042
邓小平	我是实事求是派 / 045
陈　云	要用百分之九十以上的时间作调查研究工作 / 048
任弼时	调查研究的行家里手 / 051

勤于学习　善于学习

毛泽东　　不动笔墨不看书 / 056

　　　　　一天不读书就难受 / 058

周恩来　　读书不虚度 / 061

刘少奇　　“三天不学习，赶不上刘少奇” / 065

朱　德　　学习好比血要流动 / 068

邓小平　　读书看报，充实生活 / 072

陈　云　　办法是一个字：挤 / 076

任弼时　　从那一行的 ABC 学起 / 079

开拓创新　勇于创造

毛泽东　开辟农村包围城市的革命新路 / 084
提出探索中国社会主义建设路线的十大关系 / 086

周恩来　制定和贯彻“八字方针” / 090

刘少奇　一直发展到海边上去 / 094

朱　德　指导开发南泥湾 / 098

邓小平　办经济特区，“杀出一条血路来” / 102

陈　云　创造接管大城市的经验 / 105

任弼时　创造性开展共青团工作 / 109

心系群众　一心为民

毛泽东　解决群众吃水问题 / 114
干得不好，老百姓可以骂我们 / 117

周恩来　我也是为人民服务的 / 121

刘少奇　心中装着老百姓的“小日子” / 125

朱　德　挑水的“老伙夫” / 129

邓小平　时时留心群众利益 / 133

陈　云　经济工作应该“首先考虑民生” / 137

任弼时　农民的贴心人 / 140

不怕困难　艰苦奋斗

毛泽东　微弱灯光中探求前进的方向 / 144
吃苦是光荣的事 / 146

周恩来　抓紧时间多干些工作 / 150

刘少奇　要靠自己想办法解决困难 / 153

朱　德　“朱德扁担，不准乱拿” / 156

邓小平　身处逆境，坦然面对 / 159

陈　云　不怕困难、终身奋斗是第一条的标准 / 162

任弼时　中国人民的骆驼 / 165

敢于斗争 善于斗争

毛泽东 有险偏向虎山行 / 170
不怕鬼就没有鬼了 / 172

周恩来 坚决打击国民党反动派的分裂活动 / 175

刘少奇 “不入虎穴，焉得虎子” / 179

朱 德 智取宜章县城 / 182

邓小平 与“铁娘子”的较量 / 185

陈 云 让国民党特务的耳朵失灵、眼睛失明 / 189

任弼时 狱中智斗 / 192

严于律己　廉洁齐家

毛泽东　差一天也不行 / 196
不要搞特殊化 / 199

周恩来　过好生活关 / 202

刘少奇　国家主席的日子过得这么紧 / 206

朱　德　总司令的吃穿住 / 210

邓小平　不搞特殊照顾 / 214

陈　云　遵守纪律首先要从自己做起 / 217

任弼时　决不能做特殊党员 / 220

不忘初心
坚守信仰

毛泽东

身无半文，心忧天下

为人民谋幸福、为民族谋复兴，是毛泽东一生的追求。目睹了近代中国的黑暗，他从小就立下了救国救民的坚定信念。他小时候帮助家里干农活时，就经常在空余时间读一些呼吁救亡图存的小册子。其中，郑观应的《盛世危言》对他影响很深。还有一本关于列强如何瓜分中国的小册子，几十年后他还清楚地记得开头的第一句是："呜呼！中国其将亡矣！"后来，毛泽东回忆说："我读了以后，对国家前途感到沮丧。我开始认识到，国家兴亡，匹夫有责。"

1910 年，毛泽东离开老家韶山，进入东山学堂读书，这是他人生历程中的第一个转折。临行前，他改写了一首诗给父亲，表达了自己坚定的志向："孩儿立志出乡关，学不成名誓不还。埋骨何须桑梓地，人生无处不青山。"东山学堂聚集了一批思想进步的教员。在这里，毛泽东不仅学识大长，也逐渐树立了担当和责任意识。在东山学堂学习期间，毛泽东了解到更多当时的社会状况，接触到更多先进的思想，更加坚定了自己救国救民的志向。

毛泽东刻苦学习，经常在自修室待到很晚。一天，他在自修室学习时，看到一位同学在读《世界英雄豪杰传》，便请求道:“能否把书借给我读一读？”同学答应了。毛泽东如获至宝，捧着书便读了起来。过了几天，当毛泽东将书还给那位同学时，却很不好意思地表示歉意:“对不住，我把书弄脏了。”同学打开一看，原来整本书都被毛泽东用墨笔打上了圈圈点点，圈得最密的是华盛顿、林肯、拿破仑、彼得大帝等人的传记。毛泽东激动地对同学说:“中国也要有这样的人物。我们应该讲求富国强兵之道，才不致重蹈安南、朝鲜、印度的覆辙。你知道，中国有句古话，‘前车之覆，后车之鉴’。我们每个国民都应该努力。顾炎武说得好，‘天下兴亡，匹夫有责。’”过了不久，毛泽东还给自己取了个笔名——子任，意思是以天下为己任，把救国救民当成自己的崇高责任。当时的毛泽东才 18 岁，就已经有了这样的志向和气魄！

随着学习的收获日益增多、对社会的了解更加深入，毛泽东救国救民的雄心壮志也愈发坚定。由于他的基础很好，学习很用功，半年时间就基本学完了东山学堂的课程。在老师的推荐下，毛泽东于 1911 年春考进了位于长沙的湘乡驻省中学。

在这里，青年毛泽东的收获很大，初步接受了孙中山的民主革命思想，并在辛亥革命的大潮中参加了湖南新军，准备上战场为国效命。

辛亥革命胜利后，政局逐步稳定下来。1913 年春，毛泽东考入湖南第四师范读书，后来由于并校，又进入湖南第一师范（简称“湖南一师”）。在这里，毛泽东一共学习了五年半，他的知识和能力获得了质的飞跃，特别是他的政治思想开始形成，并且获得了社会行动的初步经验。他和蔡和森等人经常聚会，随后与一众志同道合的朋友，组织了新民学会。在这期间，毛泽东经常通过日记、书信和读书笔记表达自己的志向和抱负。他的读书笔记很为朋友们所乐道，经常在朋友之间传阅。他在读书笔记上抒发的对很多问题的独到见解，给了朋友们很大的启发。1918 年 7 月，蔡和森到达北京后，特地写信嘱咐即将赴京的萧子升：“润兄重要笔记亦带来为好。”可见朋友们对他的政治见解的钦佩。

后来，毛泽东在湖南一师的同班同学周世钊曾回忆说：“第一师范的同学都称他是‘时事通’。如果有不明了的时事问题，找他谈一谈就解决了；如果在自习室、运动场找他不见，常常在阅报室可以找见他。晚饭后，星期天，他喜欢和班上同学沿着铁路散步，大家看到麓山夕照、湘水归帆，心神轻松开朗。就在这时，他每每为我们分析中国和世界的政治、军事形势，是那么详尽，那么清晰，那么有根有据，特别是谈到列强如何侵略中国，中国为什么被侵略而不能抵抗，青年对救国应负的责任时，同学们的情绪，随着他的感情、有鼓动力的谈话，时而兴奋，时而激昂，时而愤怒。因此，同学们都赞誉他‘身无半文，心忧天下’。”

我接受马克思主义后就一直没有动摇过

1911 年，辛亥革命爆发后，毛泽东从支持革命的《湘汉新闻》上第一次看到“社会主义”这一新名词，接着读了一些关于社会主义的小册子，遂产生浓厚兴趣。但是这个时候毛泽东仅仅把社会主义看作外来的新鲜事物，不但不清楚它有许多流派，而且远没有将其与中国自身联系起来。毛泽东从一个有志青年成长为一个马克思主义者，与他的两次北京之行密不可分。

1918 年，毛泽东和新民学会的大部分会员从湖南一师毕业。老师杨昌济从北京来信，劝毛泽东去北京大学深造，同时告诉他一个消息，法国政府来中国招募工人，曾经留法的吴玉章、蔡元培等人，倡导青年利用这个机会到法国勤工俭学。毛泽东收信后，无暇考虑自己去北大读书的事情，便与蔡和森等全力筹办赴法勤工俭学事宜。8 月，毛泽东带领 20 余名准备赴法勤工俭学的湖南青年来到北京。

为了解决生活经费，毛泽东经杨昌济介绍，认识了北大图书馆主任李大钊，被安排在图书馆新闻报纸阅览室担任助理员，每月 8 块大洋。当时的北京大学人文荟萃，又是新文化运动中心，各种思想学说争奇斗艳。在短短五六个月的时间里，毛泽东不仅接触到很多新文化运动的领袖人物，如蔡元培、陈独秀、胡适、邵飘萍等知名人士，而且开始接触马克思主义等新思潮。在这里，毛泽东广泛阅读各种新书刊，尤其是有关马克思主义的书刊，以及李大钊发表的歌颂俄国十月革命和宣传马克思主义的文章，眼界大开。他还经常在工作之余到北大课堂进行旁听，并加入了北大的哲学研究会和新闻学研究会。第一次的北京之行，让他对马克思主义有了初步的了解。

1919 年 3 月 12 日，毛泽东因母亲病重返回湖南。随后，五四运动爆发。在十月革命和中国新思潮运动的激荡下，毛泽东对马克思主义有了进一步的了解。不过，在相当长的一段时间内，他仍没有弄清马克思主义的社会主义与其他社会主义的区别。

回湖南 9 个月后，1919 年 12 月，毛泽东第二次进京。初时，他对于社会主义仍然没有特别明确的认识。1920 年 3 月，他专门去找亦师亦友的黎锦熙谈“究竟选定哪一种社会主义”。与此同时，他在给周世钊的信中明确表示：现在我于种种主义，种种学说，都还没有得到一个比较明了的概念，想从译本及时贤所作的报章杂志，将中外古今的学说刺取精华，使他们各构成一个明了的概念。这种迷惑当时很多人应该都经历过，面对纷繁多样的“新思潮”，“隔着纱窗看晓雾，社会主义流派，社会主义意义都是纷乱，不十分清晰的”。但这时的他经过五四运动的洗礼，有了一定的政治经验。于是，他进一步阅读了当时所能找到的共产主义文献中译本，加上李大钊的影响，思想很快便朝着马克思主义的方向发展。后来他谈道：“到了1920年夏天，在理论上，而且在某种程度的行动上，我已成为一个马克思主义者了，而且从此我也认为自己是一个马克思主义者了。”

随后，毛泽东从北京返回湖南，途中经过上海。在上海，毛泽东同共产党的早期领导人陈独秀多次会晤。后来，他回忆说：“他对我的影响也许超过其他任何人。”“陈独秀谈他自己的信仰的那些话，在我一生中可能是关键性的这个时期，对我产生了深刻的印象。”

多年后，毛泽东在回忆这段经历时说：我第二次到北京期间，读了许多关于俄国情况的书。我热心地搜寻那时候能找到的为数不多的用中文写的共产主义书籍。有三本书（陈望道翻译的《共产党宣言》、考茨基著的《阶级斗争》和柯卡普著的《社会主义史》）特别深地铭刻在我的心中，建立起我对马克思主义的信仰。我一旦接受了马克思主义对历史的正确解释以后，我对马克思主义的信仰就没有动摇过。

周恩来

我认的主义一定是不变了

从小时候起，身处黑暗中国的周恩来就确立了要拯救苦难人民、振兴中华民族的志向。“为中华之崛起而读书”是少年周恩来信仰的起点。进入南开学校学习后，面对更加严重的民族危机，周恩来“爱国热忱，似已达于沸点”，开始更多关心时事和民生。同时，他也在探寻着救国之路。彼时辛亥革命虽然成功，但是中国并没有如预想般地走上富国强民之路，相反却在半殖民地半封建的深渊里越陷越深。年轻的周恩来了解到德国、日本的崛起历程，决定到日本留学，探索救亡图存之路。去日本之前，他在给好友的信中，写下了“大江歌罢掉头东，邃密群科济世穷。面壁十年图破壁，难酬蹈海亦英雄”的壮丽诗篇，以表达他寻求真知、救国救民的坚定信念。

但是，在日本的所见所闻却使周恩来大失所望。尤其是日本的“米骚动”事件使他认识到日本所谓的“贤人政治”是走不通的。此后，他开始把更多的注意力集中到俄国，对十月革命选择的社会主义道路产生了浓厚的兴趣。

经过一年半的学习，周恩来回到了天津，进入新创办的南开学校大学部。此时，席卷中国的五四爱国运动爆发，深深地改变了周恩来。满腔救国热情的周恩来，迅速投身其中。他联合天津各界有志青年，创办觉悟社，领导天津爱国进步学生开展游行示威运动。但是，学生们的爱国运动遭到了封建军阀的镇压，周恩来也不幸被捕入狱。这是周恩来第一次遭到反动当局的逮捕。这次被捕，不仅没有磨灭他的意志，反而更坚定了他的信仰。在狱中，周恩来重新思考了很多事情，同时给同学们讲授马克思主义。革命意识从此在他的心中扎下根来。后来，他在信中讲到自己的共产主义信念时说：“思想是颤动于狱中。”

1920年，出狱后的周恩来在一次集会上被李大钊的发言所触动，决定远赴欧洲，“虔心考查以求了解彼邦社会真相暨解决诸道，而思所以应用之于吾民族间者”。这是一次可能连周恩来自己都没想到的重大决定：正是在欧洲期间，他最终确立了共产主义的信仰。

周恩来第一次来到欧洲，但是他的所见并不跟所闻相符。经历了第一次世界大战的欧洲，并没有高度发达的物质生活，映入眼帘的是一片动荡和不安。这引起了周恩来的思考。

在欧洲期间，他先是对欧洲社会状况进行考察，逐渐清楚地认识到了资本主义社会的弊端。随后，他认真研究英国矿工罢工事件，分析社会矛盾，并感慨于工人阶级巨大的斗争力量。同时，周恩来还对欧洲各种不同的思潮和主义进行冷静观察和剖析，对无政府主义、工团主义、基尔特主义、国家主义等进行分析比较，同时认真研读《共产党宣言》《社会主义从空想到科学的发展》《国家与革命》等英文版马列主义经典著作。

经过曲折反复的上下求索，周恩来最终作出了一个自己一生中最重要的决定——确立对共产主义的信仰。随后他于1921年在张申府、刘清扬的介绍下，正式加入中国共产党。

从在日本时了解马克思主义，到经历五四风暴和身陷囹圄，再到欧洲考察、研究各种思潮主义，周恩来确立自己信仰的决定绝不是轻易作出的。正是因为得来不易，所以在选择了共产主义的信仰后，周恩来的心情格外喜悦和兴奋。在给友人的信中，他坚定地写道："我从前所谓'谈主义，我便心跳'，那是我方到欧洲后对于一切主义开始推求比较时的心理，而现在我已得有坚决的信心了。""我认的主义一定是不变了，并且很坚决地要为他宣传奔走。"

"我认的主义一定是不变了，并且很坚决地要为他宣传奔走。"这是周恩来确定共产主义信仰后立下的誓言。从此以后，他用一生践行自己的誓言。无论艰难困苦，无论身居何位，他对共产主义的信仰，始终坚如磐石。

刘少奇

为了劳苦大众的利益而奋斗到底

青年时期的刘少奇天资聪慧、志向远大，面对帝国主义、封建主义对中国农民的残酷剥削，他立志走出乡关，探索救国救民的道路。1915 年，17 岁的刘少奇胸挂“勿忘国耻”的条幅，带头参加反对袁世凯、抵制“二十一条”的游行，和同学一起到各商店查封日货。为表示保卫炎黄子孙的决心，他改名字以明志，将字“渭璜”改为“卫黄”。1919 年五四运动爆发后，刘少奇还没等到就读的长沙育才中学毕业证，便匆匆赶赴北京。在北京期间，他四处寻找中国革命的出路，产生了留法勤工俭学的念头，并进入保定育德中学留法预备班学习。在这所荡漾革命思想的校园里，刘少奇大量接触《新青年》《每周评论》等进步刊物，特别是学校老师和同学自办的介绍俄国十月革命和俄国共产党的刊物，思想上受到很大触动，开始重新思考救国救民的道路，接受马克思主义的宣传。1920 年，刘少奇从育德中学留法预备班毕业后，受限于经济条件，以及法国当局开始阻止中国学生入境，华法教育会通知停办赴法手续，刘少奇的赴法愿望落空，只得返回长沙，转而谋划赴苏俄学习，去“寻找一条中国革命的正确道路”。同年，刘少奇加入了由毛泽东、何叔衡实际负责的社会主义青年团，进入上海外国语学社学习，为留学苏俄作准备。在这里，他学习俄文和马克思主义基本知识，阅读陈望道翻译的《共产党宣言》，深入思考中国革命问题，个人思想发生了很大转变。

前往苏俄的道路并不平坦，一路上要躲过中国军阀、日本军队、土匪的搜查和掠夺。刘少奇后来回忆这段经历：“我们当中有部分人对社会主义的信心发生了动摇，但是我们另一部分人对社会主义的信心却因此而更加坚定了。”1921 年 7 月，克服重重困难，刘少奇抵达了莫斯科，被安排进入东方劳动者共产主义大学学习。就在这时，中国共产党诞生了。消息很快传到了东方大学，有着充分思想准备的刘少奇，四处向人打听怎么样才能加入中国共产党，几次找中国班政治教员请教入党手续，讨论关于共产党的问题。加入中国共产党首先要搞清楚两个问题：共产党究竟是一个什么样的党派？马克思主义究竟是什么样的主义？为此，刘少奇把《共产党宣言》看了又看，反复琢磨，他要从这本马克思主义经典著作中搞清楚共产党是一个怎样的党。经过一番深思熟虑，刘少奇最终决定加入中国共产党，准备把毕生精力献给党的事业。

1921 年冬，刘少奇迎来了人生中重要的时刻——加入中国共产党，他与同批入党的罗亦农等人共同组成了莫斯科第一个党组织（随后发展为中共旅莫支部），并担任了支部委员。从家乡炭子冲到莫斯科，刘少奇经历漫长的探索与抉择，完成了他寻找革命正确道路之旅，从此坚定了用马克思主义救中国的信念。当时的苏维埃俄国，正处于严重的经济困难时期，东方大学学员按照红军战士的标准配给生活物资，每人每天只能分到一块二两多的黑面包，常常感到食不果腹。衣服和鞋子也都是欧洲工人阶级捐献的，冬衣单薄无法御寒，睡觉时每人只有一件军大衣和一床毯子，大家只好挤在一起取暖。在这异常艰苦的环境中，有一些人承受不了，当了逃兵。但是，刘少奇却始终信念坚定。

此后的半个多世纪，刘少奇始终坚定不移、对党忠诚，把自己的一生都奉献给了党。1922 年初，他在“团员调查表”中“对于现在社会作何感想”一栏中写道：“资本主义已不能统治全世界了，社会主义的社会组织必将由人类的努力开始实现，我们处在这时代的人，应把无穷的希望，促进这段历史。”对“现在愿做何事”的回答是“工人运动，青年运动”。可以看出此时的刘少奇对共产主义信念的坚定与执着，他愿顺应历史潮流，把毕生的努力都献给社会主义事业。

刘少奇曾说：“一个人，特别是一个党员，为了党，为了社会进化与人类解放，为了千百万劳苦大众的共同长远的利益而奋斗到底，直至终身，甚至牺牲自己的生命，是最值得。”他是这么说的，也是这么做的。1925 年，领导了安源大罢工和五卅运动后，刘少奇在病中被反动军阀赵恒惕逮捕。面对严酷考验，他正气凛然、坚贞不屈。刘少奇经多方营救出狱后，他的母亲鲁氏从炭子冲赶到长沙，恳求儿子不要再做这种冒险的事情。刘少奇不能答应母亲的这个请求，他再三宽慰母亲后，仍然携妻子何宝珍一起返回了上海，再次踏上革命征程。此次一别，母子再也未能相见。

朱 德

为理想万里寻党

1906年，朱德进入南充县官立高等小学堂，半年后转入顺庆府官立中学堂，而后又到成都求学，其间接受了新式教育，阅读了很多进步书籍。这一时期对他影响最大的是孙中山先生的民主革命思想，他秘密阅读了中国同盟会的机关报《民报》，进一步受到民主革命思想的熏陶，并加入了同盟会，成为革命军的一员。

辛亥革命爆发后，朱德南征北战，屡立战功。但是，在不断的战争中，朱德发现虽然腐败的清政府灭亡了，可中国的面貌依然没有得到改变，军阀割据、政治腐败、民不聊生的状况反而愈发严重。朱德对资产阶级民主革命所抱的希望破灭了。这一切使他认识到，指望旧官僚旧军阀和软弱的资产阶级拯救中国是不可能的，要想彻底改变中国的面貌，就必须找到新的力量。

恰在此时，俄国十月革命的一声炮响，给中国带来了马克思主义，随着五四运动的爆发和中国共产党的成立，无产阶级思潮在中国广泛传播。这给了朱德很大震动，他认为中国革命要想深入进行，就必须像俄国革命一样，走无产阶级革命道路。当时，33 岁的朱德已担任两年多的少将旅长，月薪 2000 大洋，可谓生活无忧，前途无量，但他仍然下定决心与旧军阀彻底决裂，去探索新的革命真理，去寻找中国共产党！

1922 年，朱德放弃了优越的生活，离开四川踏上寻找中国共产党之路。但是由于当时党组织力量弱小，影响力不大，朱德也不认识可以联系到党组织的介绍人，所以只能毫无头绪地四处打探。他先是来到南方革命中心上海，冀望能碰到共产党人，但结果却是“连共产党的影子都没看到”。他没有灰心，转道北京继续寻找共产党，但运气仍然不佳，依旧没有找到党组织，只好又返回上海。这样，在 1922 年这一年，为了寻找共产党，他从南方到北方又回到南方。

功夫不负有心人，1922 年 8 月，朱德终于在上海见到了中国共产党早期领导人陈独秀，并且郑重地向他提出了入党申请，不料却遭到拒绝。陈独秀对朱德的入党动机和诚意持怀疑态度：为什么一个旧军阀的将军要加入中国共产党呢？

被拒绝的朱德并没有放弃，他决定去德国继续寻找革命真理和党的组织。1922 年 10 月，旅欧的朱德费尽周折终于找到了中国共产党旅欧支部领导人周恩来。两人一见如故，交流了对中国革命的看法。经过长时间的交谈，朱德恳切地提出希望能够加入中国共产党，为共产主义事业奋斗终身。周恩来被朱德的革命热情和追求真理的革命意志所感动，答应了他的入党申请并帮助他办理了入党手续。

终于，历经万里苦寻，奔波于国内国外，朱德在他 36 岁之际加入了中国共产党，从此开始了他为中国的无产阶级革命和中国人民的解放事业而奋斗的革命人生。

邓小平

打定主意，把我的身子交给我们的党

1904 年，邓小平出生于四川广安的一个普通家庭。他的童年及少年时期，正是近代中国最黑暗的年代。由于清政府的腐败无能和外国帝国主义的入侵，中华民族陷入深重苦难和极度屈辱的境地。为了挽救民族危亡，中国人民掀起了一波又一波的反抗斗争。斗争的浪潮也传到了邓小平的家乡广安。尤其是 1911 年夏秋四川人民掀起“保路运动”期间，整个四川罢市、罢课风潮迭起。这给幼年的邓小平以深刻的印象和强烈的影响，使他萌生了最初的爱国热情。

五四运动爆发时，邓小平正是重庆留法勤工俭学预备学校的一名学生。这一消息传到重庆，青年学生和各界人士热血沸腾，积极响应。尤其是青年学生，举行了大规模的抵制日货活动。年仅 15 岁的邓小平，也与全校同学一起，参与了这场运动。此时的邓小平虽然已经具备了初步的爱国思想和进步意识，但是对于如何救国，还没有更深一步的思考，就如他后来所说，自己那时所谓的救国，“无非是当时在同学中十分流行的工业救国思想”，“受到五四运动的影响，就想出洋学点本领，回来搞工业，以工业救国”。

但是，五四的洗礼，无疑对邓小平以后坚定选择共产主义信仰和从事各种革命实践活动，产生了相当大的影响。他开始了解到整个中国处于一片水深火热之中，要改变这种局面、改变中国的命运，就必须靠科学的理论。于是，少年邓小平的心中逐渐萌发了一种对国家、对民族的强烈责任感。正是这种责任感，促使他在刻苦学习的同时，思考着国家和民族的出路。

1920 年，怀着寻求真理和救国救民之路愿望的邓小平，登上了赴法国勤工俭学的轮船。但是，当时的法国并不是人们想象中的样子。由于经济危机的冲击，整个法国经济凋敝，一片混乱。严酷的现实粉碎了邓小平“工业救国”的梦想，失学、失业、饥饿甚至死亡的威胁，迫使他重新对人生作出抉择。施奈德钢铁厂、哈金森橡胶厂超强度的劳动，以及勉强糊口的各种打短工，磨炼了他的意志，也使他对工人阶级政治上受压迫、经济上受剥削的处境有了切身的感受，他开始逐渐接受革命思想。这一时期，邓小平阅读了大量《新青年》《向导》等“关于社会主义的书报”，思想上逐渐接受了马克思主义的观点，开始萌发加入革命组织的要求和愿望。

1923年6月，邓小平加入了由周恩来等创立的旅欧中国共产主义青年团。在入团宣誓仪式上，邓小平心里充满了紧张、兴奋，心怦怦直跳。1924年7月，邓小平当选为旅欧共青团执委会书记局成员。根据中共中央有关规定，自动转为中国共产党党员。这样，邓小平就正式加入中国共产党，这时他还不满20岁。

在旅欧共青团执委会工作期间，邓小平参与编辑《少年》（后改名《赤光》）刊物。他全身心地投入党团工作中，成为一名频繁活动的坚定的积极分子。他在勤工俭学的学生中积极发展一批学生加入组织；在《赤光》上撰文，运用马克思主义的阶级分析观点同“国家主义派”展开针锋相对的斗争；参加领导声援五卅运动的反对帝国主义的斗争；在重大集会上发表鼓舞人心的演讲。经过这一系列的革命活动，邓小平已经成长为一名具有一定政治才干和经验的年轻政治家。也正是由于积极参加革命活动，他成为法国警察重点监视和跟踪的对象。

1926年1月，按照党组织的安排，邓小平离开巴黎远赴莫斯科，先后进入莫斯科东方大学和莫斯科中山大学学习。在这里，他系统学习马列主义理论著作，进行严格的党性锻炼。他在一份所写的“来俄的志愿”中对自己的思想进行了深刻的剖析：“我能留俄一天，我便要努力研究一天，务使自己对于共产主义有一个相当的认识。”“我来俄的志愿，尤其是要来受铁的纪律的训练，共产主义的洗礼，把我的思想行动都成为一贯的共产主义化。我来莫的时候，便已打定主意，更坚决的把我的身子交给我们的党，交给本阶级。从此以后，我愿意绝对的受党的训练，听党的指挥，始终为无产阶级的利益而争斗！”

陈　云

今后不是做“成家立业”的一套

1919年五四运动的爆发，激起了陈云极大的热情，他积极投身于这场轰轰烈烈的反帝爱国运动。12月，在班主任张行恭的帮助下，陈云来到上海商务印书馆。在上海商务印书馆的时光，是他转变人生观加入中国共产党、坚定革命信仰的重要时期。在这里，陈云组织领导了商务印书馆罢工斗争，坚决反抗反动当局剥削工人的残酷行径，积极为工人阶级争取权益。1925年8月，陈云召集商务印书馆发行所400多名职工开会，通过了12项复工条件，并成立了“商务印书馆发行所职工会”，20岁的陈云被推选为委员长，担负起组织、领导工人罢工的重任。罢工宣言陈述了广大职工经受的种种压迫和剥削，并宣布从8月22日起开始罢工。经过多次谈判协商，资方被迫作出让步，工人提出的各项要求都不同程度地得到实现，罢工斗争取得了胜利。就在罢工胜利后几天，陈云坚定地加入了中国共产党，从此，他把毕生精力献给了党领导的伟大事业。

后来，他回忆自己入党经过时说："当时之加入共产党最大的原因是大革命的潮流的影响。""我自觉入党时经过考虑，而且入党以后，自己觉得此身已非昔比，今后不是做'成家立业'的一套，而要专干革命。"陈云想得很清楚，自己不能贪图安逸平庸，只顾"成家立业"，而应把人生投入崇高的革命事业中。他说："只要立志革命，不怕没饭吃，归根结底只有推翻现在社会制度以后，才大家有饭吃。""只有到了革命成功时每个人可以劳动而得食时，人人家庭都可解放，我的家庭也就解放了。"

1949 年，在新民主主义革命即将胜利的前夕，党中央根据陈云主持财经工作的丰富经验和卓越才能，决定由他主持中央财经工作。在百废待兴的情况下，主管中央财政经济工作是一副艰巨的担子。到中央工作后，陈云立即着手筹备建立中央财政经济委员会（简称"中财委"）。之后，主持中财委开展一系列工作，为建立新中国的经济制度，恢复国民经济奠定了重要基础。虽然革命胜利在望，但陈云清醒地认识到，还需要继续艰苦奋斗。他说："现在解放全国的目标不久就会实现了，但这还仅仅是改造社会的第一步，全国老百姓的生活水平仍旧低。我们的目的不仅要打倒反动势力，而且是为了改善人民生活，所以困难的长期的工作还在后面，这后一段的工作是要与全国人民大家一齐干的。”

“文化大革命”开始后，陈云多次受到冲击，处境十分艰难。但是，陈云并没有因此而意志消沉、一蹶不振，被风浪所打倒。1969 年，陈云被下放到江西。当时，他的居住和工作条件很差。陈云没有悲观失望，依旧保持着镇静和积极的精神状态。第二年，女儿陈伟兰到江西照顾陈云，陈云对女儿说，你看我在这儿读书思考，过得非常有意思。陈云把下放变成了静下心来学习思考的难得机会。在江西的这段时间，陈云给自己制订了一个读书计划，重新阅读了《马克思恩格斯选集》《资本论》《列宁全集》《斯大林文选》《毛泽东选集》等马列主义的经典著作。陈云的子女回忆：“翻开父亲读过的这些书，我们清楚地看到他用钢笔和不同颜色的铅笔在上面画的大量的道道、杠杠、圈圈，以及写下的一些批注。看着这些熟悉的字迹，可以想见他老人家是怎样全神贯注地在读着书，又是怎样专心致志地在思考着有关党和国家前途、命运的大问题。”

陈云的一生，经历了我国革命、建设、改革各个历史时期，他始终牢记入党干革命的初心，对自己选定的共产主义信仰笃信终生。陈云说：“一个愿意献身共产主义事业的共产党员，不仅应该为党在各个时期的具体任务而奋斗，而且应该确定自己为共产主义的实现而奋斗到底的革命的人生观。”要“终其一生，为他的信仰的实现而奋斗到底”。他在解释什么叫“奋斗到底”时说，就是奋斗到死。

任弼时

寻找革命的出路

1920 年，16 岁的任弼时马上就要高中毕业了。面对着千疮百孔的中国社会，很多同学都觉得前途黯淡、人生渺茫。任弼时却时时在探求着自己要走的道路，他的目光透过报纸杂志，投向了国外。

当时，赴法勤工俭学的热潮已在全国各地掀起。在毛泽东的倡导和组织下，湖南也去了一大批有志青年。任弼时本来也想去法国，但家里却离不开任弼时：父母年迈，哥哥去世，三个妹妹年纪还小。任弼时要是一走，家里生活怎么办？在家人的拦阻下，他错过了机会。但他并没有灰心，而是利用暑假，和萧劲光等几个好朋友，在外面奔走活动，一面养家糊口，一面继续寻找机会。

一个闷热的下午，任弼时走出校门，偶然经过一家画像馆，抬头看到里面挂着几幅人像画，立即被吸引住了。他站在门口，仔细观察着画师作画，竟忘记了时间。不知不觉天色已晚，他还觉得意犹未尽，于是在街上买了一些墨汁和画纸，回到宿舍认真学着画了起来。画过几张纸后，笔下的人像竟然惟妙惟肖、栩栩如生起来。同学们看见后，都非常惊讶，认为他比画像馆里的老师傅画得还要好。几个同学羡慕地说："培国，你毕业后不愁出路了，可以挂起招牌营业了！"培国是任弼时的本名，"弼时"是后来参加革命时改用的。

听了同学们的话，任弼时摇摇头，对萧劲光说："虽然社会职业的大门，对刚从学校出来的学生是紧闭着的，但是凭着一技之长，也并不难找到一条出路。但是，我辈青年需要寻找的，是整个中华民族的出路！是革命的出路！"萧劲光被他的情绪感染了，激动地说："对！我们要寻找的是革命的出路！"于是，两人继续奔走活动，寻找救国救民的道路。

一天，任弼时兴奋地从街上跑回来，对萧劲光说："有办法了！""什么办法？""到俄国去！""俄国？"两人很快找来一张世界地图，找到了那个横跨亚欧两洲的北方大国。对于这个国家，任弼时和萧劲光过去了解得不多。但毛泽东从北京回到湖南后，向大家介绍了不少有关俄国革命的情况。8月，毛泽东组织了"以研究俄罗斯一切事情为宗旨"的俄罗斯研究会，任弼时多次在那里听讲。从那时起，他和萧劲光了解到，俄国有一个列宁，组织了俄国革命党，领导工农推翻了旧社会，使街头飘扬着劳动者的红旗。这深深地吸引了两人，他们决定去那里学习救国救民的知识。

在毛泽东的努力筹划下，任弼时和萧劲光赴俄学习的事情进行得很顺利。10月的一天，浩阔的湘江波涛滚滚，一艘陈旧的客轮吐着长烟，载着旅客迎风北去。任弼时和萧劲光，还有任弼时的堂兄任作民和另一个同学，一共四个青年，乘坐这艘客轮离开了长沙。

站在船头上，任弼时思绪万千。他知道，自己走后，家里的生活将更加艰难。但是他觉得，既然自己已经选择了这条人生道路，那么就应该像浩荡的湘江一样，百折不回，一往无前！任弼时给家里寄了一封信，表明了自己今后的志向：

……常念大人奔走一世之劳，未稍闲心休养，而家境日趋窘迫，负担日益增加。儿虽时具分劳之心，苦于能力莫及，徒叫奈何。自后儿当努力前图，必使双亲稍得休闲度日，方足遂我一生之愿。但儿常自怨身体小弱，心思愚昧，口无化世之能，身无治事之才，前路亦茫茫多乖变，恐难成望。只以人生原出谋幸福，冒险奋勇男儿事，况现今社会存亡生死亦全赖我辈青年将来造成大福家世界，同天共乐，此亦我辈青年人的希望和责任，达此便算成功……

“达此便算成功”，少年任弼时用此语表明了自己的坚定志向。为了人民的幸福、国家的未来，他决心将自己的整个生命投入进去，即使粉身碎骨，也决不回头！

实事求是 注重调研

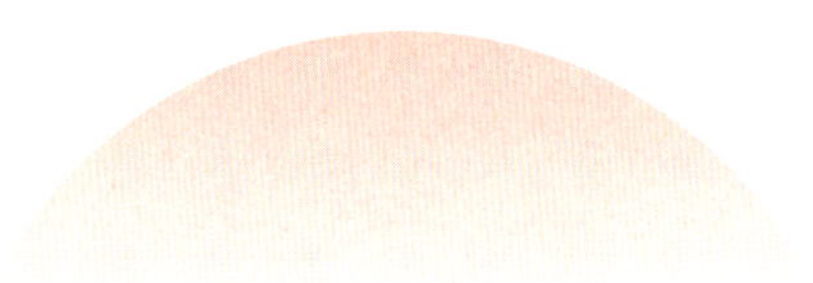

毛泽东

深入调查农民运动

中国共产党成立之初，工作的重心主要在城市和工人运动。第一次国共合作，发起了以消灭军阀、统一中国为目的的北伐战争，掀起了国民大革命的高潮。随着北伐的胜利进军，轰轰烈烈的农民运动也迅速发展起来。

但是，农民运动的蓬勃发展，却遭到国民党右派和封建地主豪绅的诋毁和破坏，也遭到党内右倾错误领导的怀疑和责难。1926 年 12 月，在中共中央汉口特别会议上，陈独秀指责湖南工农运动“过火”“幼稚”“动摇北伐军心”“妨碍统一战线”等，提出限制工农运动发展，反对“耕地农有”，以换取蒋介石由右向左。

为了回击和驳斥党内外对农民运动的责难，1927 年 1 月，毛泽东决定下乡考察农民运动。在 32 天 700 多公里的行程中，毛泽东步行实地考察了湘潭、湘乡、衡山、醴陵、长沙五地的农民运动情况。在这些地方，毛泽东广泛地接触和访问广大群众，召集农民和农民运动干部召开各种类型的调查会，收集了大量有关农村的第一手资料。

在韶山，毛泽东听说长期骑在农民头上的土豪劣绅家小姐、少奶奶的牙床（泛指装饰精美的床），农民也可以踏上去打滚。闻讯赶来的宁乡县高露乡的农会干部告诉他，这个乡的国民党区分部实行的是“二民主义”，因为他们取消平粜米，还把领头争取平粜的鞋匠关进县监狱，取消了“民生主义”。在银田寺，人们述说，原团防局长汤峻岩等自民国二年以来就杀人五十多，活埋四人，最先被杀的竟是两个无辜的乞丐。

在湘乡县，农会干部汇报，有个大土豪逃到长沙，到处攻击农民运动，说“那些一字不识的黑脚杆子，翻开脚板皮有牛屎臭，也当了区农民协会的委员长，弄得乡里不安宁”；留在乡下的小劣绅怕被打入另册，却愿意出十块钱要求参加农会。

在衡山县白果乡，人们告诉毛泽东，农会掌了权，土豪劣绅不敢说半个“不”字；妇女们也成群结队地拥入祠堂，一屁股坐下便吃酒席，族长老爷也只好听便。也有坏消息：当他到衡山县城时，得知县监狱里竟关着一些乡农协委员长和委员。

在醴陵县，农民告诉毛泽东，有个诨号叫“乡里王”的土豪，最初极力反对农协，后来又低头作揖，给乡农会送上“革故鼎新”的金匾，一面又把儿子送到何键的部队里去。

在许多地方，毛泽东还看到农会从政治上打击地主，给他们戴高帽子游乡，甚至枪毙罪大恶极之徒；在经济上打击地主，不准他们加租加押，不准退佃；还推翻了过去维护封建统治的都团机构，人们谈论都总、团总，都说：“那班东西么，不作用了！”农会组建起自己的武装——纠察队和梭镖队；农民还禁烟禁赌，组织起来修道路、修塘坝等。

一切似乎都翻了个个儿，一切又似乎才刚刚开始。这些新鲜活泼的生动案例，使毛泽东大大打开了眼界，兴奋不已。社会上出现的对农民运动的种种攻击，也使他忧虑。他看到了一个新的天地，对农民运动的认识更清楚了。

带着大量实地调查的一手资料，毛泽东返回武昌，撰写了著名的《湖南农民运动考察报告》。这篇报告共 2 万多字，叙述了湖南农民所做的 14 件大事，对农民革命给予高度评价，还第一次提出要“推翻地主武装，建立农民武装”的思想。报告发表后，很快便在国内外引起了强烈的反响。

是一说一，是二说二

毛泽东在韶山老家有一个名叫贺晓秋的表弟，二人从小便感情极好，经常一起玩耍。在革命年代，贺晓秋两次解救过处于险境的毛泽东。新中国成立后，毛泽东给贺晓秋写过信，还两次分别寄过 300 元、100 元钱。不幸的是，贺晓秋 1960 年就去世了。他在临终前，特别交代自己的儿子贺凤生：要把这几年下面发生的一切都告诉毛主席，要让毛主席了解基层的真实情况。

1960 年底，贺凤生被请到了毛泽东的客厅。听闻贺晓秋离世的消息，毛泽东神情悲伤：“你父亲走的时候，怎么没有通知我一声？”“父亲不让，说您忙，不给您添麻烦，只是嘱咐我来告状！”贺凤生回答道。然后他接着说：“主席，您晓得乡里现在的情况吗？晓得下面刮‘五风’吗？我们农村的食堂，近几年粮食的产量越来越高，可是伙食却越来越差！”

听到贺凤生的话，毛泽东沉思良久。解决农民温饱问题一直是他最在意的事情。他郑重地对贺凤生说：“我正需要听听这方面的情况。你先回去好好回忆一下，下次专门找个时间听你谈一次，越具体越好，要真实情况，不要掺水，是一说一，是二说二，骂娘也要告诉我。”

很快，毛泽东就专门安排时间与贺凤生进行了长时间交流。一见到主席，贺凤生便直截了当地说了起来：“主席，食堂不散我不回去了。”接着他讲起解放后的发展和变化，毛泽东笑着说：“不要唱什么赞歌了。”贺凤生说：“现在的干部都兴‘放卫星’，仓里没得几粒谷，还硬说亩产达到几千斤……干部当老爷，严重脱离群众，老百姓饿得要死，只能在背后骂娘。”讲到这里，贺凤生激动地流下眼泪。这次会见两个人谈得十分深入，整整持续了三个小时。

当贺凤生要回家时，毛泽东再一次接见了他，并告诉他：你上次反映的情况，已经和刘少奇主席、周恩来总理交换了意见，党中央、国务院进行过研究，认为食堂要拆散，生产要恢复，浮夸风要制止。毛泽东鼓励贺凤生说：“感谢你为中央提供了最有价值的情况，那是少奇、恩来和我都捞不到的真实情况呀！”他接着说：“中央领导下去，下面净讲好听的，带着看好的，很难得到真实情况。他们怕说拐了场丢掉乌纱帽。农村有句俗话，叫‘三十吃年饭，尽赶好的搬’……要提倡各级干部都讲真话。”

周恩来

离了材料就说不清，这是不允许的！

周恩来召开会议时，喜欢问数字、问具体情况，因此一些部门的领导便带上有关的局长甚至是处长。见到这么庞大的班子，没等开始汇报，周恩来便沉下脸来说：“这是做什么？搞祖孙三代同堂？胡闹！”开会过程中，一些领导遇到问题时会去询问后面的助手，周恩来看到后严肃地说：“汇报工作还要去问二排议员，这是不允许的！”一些领导干部对于汇报的事情没有亲自调查研究，对汇报的工作一知半解，汇报工作时磕磕巴巴，这是周恩来最不能容忍的。遇到这些情况，他总是非常严厉地进行批评教育。

有一次，周恩来主持召开国务院会议研究相关问题，与会者来自几十个部委、百十号人。一位部长在汇报工作时，拿着的稿子不是他本人写的，事先应该也没好好准备，再加上紧张，因此说话磕磕巴巴的。周恩来越听，眉头皱得越紧。当这位部长念到一个指标数字时，周恩来没好气地打断他说：“不对！看清了再念！”那位部长紧张得脸都红了，吭吭哧哧地又念了一遍。但周恩来还是毫不留情地又说了一句：“不对！”接着，他没翻任何材料，就说出了数字。全场都震惊了，随即响起了一片翻纸的哗啦声。那位部长赶紧又把稿子翻来覆去地看了一遍，不安地说：“对对，是这个数。这里印得不清楚……”说到这儿，他好像突然意识到什么，再也说不下去了……

接着是另一位副部长进行汇报。由于他是第一次汇报工作，没有见过这样的阵势，加上前面那一位部长的情况，因此没等开始汇报，他就浑身冒汗了。好不容易熬过了念稿子，周恩来又开始针对相关问题进行提问。他忙前忙后地翻材料寻找答案，尽力回答周恩来提出的问题。还算不错，问题都答上来了。但周恩来并没有表扬他，而是面色严肃地说：“对于自己主管的工作，离了材料就说不清，这是不允许的！”

说完这话，他又问先前那位部长：“这些文件送国务院时都是盖过章的，说明经你们审阅过，为什么还会念错？”部长红着脸解释道：“这项工作是副部长主持，文件是办公室主任签的字。”周恩来紧跟着问：“那么，这里的问题到底是制度不健全还是责任心不强、官僚主义？”部长不敢作声。周恩来接着说：“有制度问题。有些文件质量很差，可也盖了章送到我这里。我批了退回去重写。”

随后，周恩来提高嗓音大声说道：“现在，我宣布一项明确规定：凡是向党中央、国务院送文件，不能只以盖章为准，要有部负责人、各委办直属局负责人签字才能送。这样，以后我在文件上发现问题，部长签字我找你部长，副部长签字我找你副部长。你签了字，问你情况答不上来，那就是官僚主义，就必须作检讨！”

事后，大家都感慨道：“哎呀，总理不得了，记性那么好！记天下大事不说，一个个部委办、部长主任都不记得不知道的事情，他都知道、都记得。”从那以后，在向周恩来汇报工作时，大家都不敢懈怠了。

刘少奇

希望大家帮助我，向我提供真实情况

1961年，国民经济进入调整时期，农村是当时困难最严重的地方，暴露出来的问题也最多。为探究困难的原因，找到解决问题的办法，在毛泽东大兴调查研究之风口号的号召下，刘少奇回到家乡湖南宁乡县和长沙县农村，开展了为期四十四天的调查。

刘少奇迫切想了解农村的实际情况，刚到湖南就在简陋的寓所中听取了前期到湖南调查的中央调查组和湖南省委领导的汇报。经过调查，刘少奇初步了解了湖南农村的真实情况，对湖南省委领导干部的汇报提出了不同意见。为进一步搞清楚实情，刘少奇决定临时选择湖南省农业合作化运动中的典型——长沙县广福公社天华大队进行调研。在刘少奇到来之前，由于当地干部统一口径、弄虚作假，隐瞒实情，来这里调查一两个月的中央调查组，并没有了解到真实情况。刘少奇一到这里，就向大队干部讲清楚："请你们谈话的时候，解放思想，一点顾虑都不要，一点束缚都不要，愿意讲的话都讲，讲错了也不要紧，不戴帽子，不批评，不辩论。"尽管如此，在刘少奇连续两天分别召开的大队干部座谈会和生产队干部座谈会上，这些干部还是没有实话实说。刘少奇很能理解，并没有责怪他们。第三天下午，刘少奇又召开了社员座谈会。这次会议刚开始，刘少奇就说道："我是向大家求教的。这次中央办错了事，我们对不起大家，向大家道歉。但是改正错误要了解真实情况，希望大家帮助我，向我提供真实情况。"刘少奇的诚恳态度，感动了在场的每个人，他们纷纷打消顾虑，讲出了实情，对会议讨论的是否继续办大队公共食堂问题提出了真实意见。

在湖南农村调查期间，刘少奇除了听汇报、请干部群众开座谈会外，还直接到老乡家里，铺禾草，睡门板，以普通劳动者的身份走乡串户。他挨家挨户到社员群众中摸情况，揭开锅盖看到农民吃着糠菜窝头，打开油盐坛子发现没有一滴油，还看到许多社员因为吃代食品得了水肿病。刘少奇掌握了大量的第一手材料，对农民生活有了清醒的认识。调研结束后，他向毛泽东汇报了调研情况。刘少奇仍以天华大队为例，指出"社员生活远不如 1957 年""只有定量的大米和小菜，因此，都感到不够吃""去年下半年也有相当多的人害浮肿病"。通过调查研究，刘少奇认识到，造成困难的主要原因并不是天灾，而是如农民所说的“三分天灾，七分人祸”。刘少奇回京后参加了中央工作会议，推动形成了《农村人民公社工作条例（修正草案）》，取消了供给制。条例规定：“在生产队办不办食堂，完全由社员讨论决定。”这个决策受到群众的极大欢迎。

刘少奇的调查研究，推动了党和国家路线方针政策的出台。他在湖南农村调查期间还顺带平反了一起冤假错案，推动了我国法治建设的进步。事情要从1957年说起，这年2月，天华大队的一头耕牛死亡，解剖后在牛肺内发现一根三寸多长的铁丝，当时的大队调查人员就认为是饲养员冯国全有意破坏，为此将冯国全关押起来。刘少奇对这桩几年前的案子并没有一听而过，而是打了个大问号，他认为大队的调查结果是不符合常理的，当即指出：“这不可能吧？牛皮那么厚，牛劲那么大，怎么能钉进去呢？这件事还要查，不仅要查当事人，还要问问老兽医或专门学过这种医学的人。”在他的指示下，省公安厅进行了复查，复查结果是这根铁丝是一个小孩出于好奇喂给牛吃的，然后窜到肺中造成了牛的死亡。饲养员冯国全完全是被冤枉的。省公安厅给冯国全进行了平反，并向湖南省委和公安部提交了《关于长沙县广福公社天华大队社员冯国全破坏耕牛一案的调查报告》。刘少奇看完报告后写信给时任公安部部长谢富治，指出：“各地如冯国全这样的冤案还是有的，应由各地公安政治机关进行认真的调查研究，作出合乎实际情况的结论。”从这个案件调查中，刘少奇意识到必须在农村加强法治建设，回京后他就主张在农村区一级设立公安派出所和人民法院，方便群众告状，并有利于案件的及时正确解决。在刘少奇的积极推动下，全国各地普遍建立起区人民法庭。这一措施，对推进我国法治建设起了重要作用。

朱 德

“有多少米，做多少饭”

1955 年，朱德来到一个新建设的钢铁基地进行考察。当地的负责同志雄心勃勃地向他介绍建设规划：计划以钢铁厂区为中心，扩建一座新城。生产区的厂房和设施，全部都升级为现代化的；生活区的宿舍、医院、学校等，都建成漂亮的楼房。除了已经建成的宿舍外，当年还要再盖 10 万平方米的职工宿舍和学校等。建设用的建筑材料大部分都得从外地运来，建筑队伍也要从外地调派。说完这些，当地负责同志继续介绍说，初步估计，要完成这些建设，需要大量经费，仅修建职工宿舍，就需要投资 1600 多万元。

朱德听了这个“雄伟”的建设计划，虽然当场没有发表什么意见，却在心里暗自思索：这样大动静的建设，行吗？

接下来的几天，朱德马不停蹄地到几个地方实地考察，分别找党政领导干部和设计人员谈话，了解不同意见。同时还派身边的工作人员，深入各个厂区，向工人和群众了解情况。

经过考察，朱德发现人们对于这个新城的规划意见并不一致。虽然有的人表示赞成，认为这样建设才像搞社会主义现代化大工业的样子。但更多的人却提出疑问："那楼房好是好，可是咱们住不起啊！""这样搞法，得花多少钱啊！"

群众的意见使朱德认识到，这个计划很明显过于庞大，既脱离实际，又脱离群众。经过慎重考虑，朱德和当地的负责干部及设计人员做了一次语重心长的谈话：

"你们都是想把国家工业快些搞上去，心是好的。但这样搞法，是不是犯了贪新、贪大、贪多的毛病？我们国家有我们国家的情况，不能什么都照搬外国的。目前我们国家还很穷，资金不多。仅有的一点钱，主要要用在生产上，不能再分散财力去干其他的事。

"这里地广人稀，职工宿舍是否还是修平房好？既便宜，工人家属们住着也方便。你们盖那么高级的楼房，工人们住得起吗？生活的改善总要适应生产发展的水平，不能要求过高、过快。还记不记得你们在延安、在西柏坡时都住的是啥房子？艰苦奋斗这个光荣传统不能丢！按照目前我国的实际情况，我看咱们还得穿几年'草鞋'。

"在建设中，能省的就要省，尽量做到就地取材。这里地处塞外，路途遥远，交通又不便，什么材料都靠从外地运，那还得了！对旧城的一切，原有的基础，要尽量利用，这也是祖宗给咱们留下来的宝贵财富，不能完全丢开旧的去建新的。我们只能在旧有的基础上去建新的，只能根据主客观条件，根据需要和可能来决定我们的工作方针。‘有多少米，做多少饭’嘛！脑子太热了，跑得太快了，结果会事与愿违。我的这些意见，请你们考虑。”

朱德的一席话，像一股凉风，使不少同志清醒了过来：仔细想想，可不是嘛，原规划就是“冒”了。实际情况摆在那里，确凿的数字摆在那里。但是也有少数同志一时想不通，朱德又找他们个别谈心，一方面听取他们的意见，一方面耐心地开导和说服他们。

经过上上下下的反复讨论，大家的思想认识终于一致了，都认为原计划脱离实际，需要重新修改。于是，一个新的切合实际的建设规划很快就被重新制定了出来。

邓小平

我是实事求是派

邓小平曾风趣地说："我算是比较活泼的人，不走死路的人。""比较正确地说，我是实事求是派。""实事求是""求真务实"是邓小平一生坚持的领导作风和工作方法。这种求真务实的态度，体现在他的调查研究中，就是每到一个地方搞调研，常常是直接深入基层干部群众中了解情况，通过实地考察发现问题、纠正工作失误，基于调研的情况制定和实施重要的决策。

1961 年 3 月 13 日，毛泽东亲自给刘少奇、周恩来、陈云、邓小平和彭真等写信，要求他们深入调查研究。根据毛泽东的指示，1961 年 4 月，邓小平和彭真到北京郊区顺义搞调查研究。通过调查研究，邓小平认为，农业减产的原因是政策问题，人民公社的一些政策，影响了群众的生产积极性。他充分肯定了当时尚有争议的“三包”“一奖惩”“四固定”的责任制，指出“一定要实行定额包工，多劳多得是天经地义的事，是社会主义的分配原则”。他了解到不少农民不想吃食堂时说：“吃食堂是社会主义，不吃食堂也是社会主义。要根据群众的意愿，决定食堂的去留。”

5 月 10 日，邓小平来到密云县进行农村调查，主要目的是调查荒山所有制和加快荒山绿化问题，顺便了解密云县的农、林、牧、渔、手工业和市场情况。

在参观密云水库后，邓小平和市县的领导同志座谈。他首先提到了怎样迅速把核桃、板栗等林木果树发展起来的问题，他说：凡是有山的地方都要迅速发展林木果树。为了调动积极性，可以四级所有，国家、大队、小队、个人。个人分一块山，不出租，不纳税，永远归他个人所有，发展林木。凡是有山的地方，都要搞好国家、生产大队、生产队、社员个人四方面所有的关系，公社不要留了，哪些归哪级所有，作出规划。搞自留山搞得好的要奖励他。荒山绿化要搞规划，分级管理，搞检查。要规划好核桃、栗子搞多少，放在哪里，谁去搞，还要搞点用材林。社员有自留地，也要搞自留山，社员每人达到四五棵、十几棵核桃、栗子树就好了。

随后，邓小平讲了对果树的管理政策的几点看法。他说：“果产不必都购上来，哪些归小队、大队，哪些归县管，分分级，归社员个人一些，四级所有怎么样？对密云山区的原始森林，要专门组织国营林场生产、间伐，就地搞加工厂。”并特别强调：山林分级管理、山区发展规划，你们要搞一搞，调动起群众的积极性来。尤其提出也要分给平原地区群众一些山，平原要组织力量包山林。

关于密云水库的库容、蓄水量、放水量，邓小平也一一仔细询问，然后给出了指导意见。

调查归来后，邓小平和彭真致信毛泽东，信中说，要进一步全面地调动农民的积极性，对供给制、粮食征购和余粮分配、三包一奖、评工记分、食堂、所有制等问题的措施，还需要加以改进，有些政策要加以端正。报告中明确提出，三七开供给制办法，带有平均主义性质，害处很多，干部和群众普遍主张取消。三天后，毛泽东将此信批示发给各中央局，各省、市、区党委，供参考。

1961 年邓小平在京郊农村的调查，对党中央修改《农业六十条》，纠正“左”的错误，对京郊农村落实中央一系列方针政策，加快经济恢复和发展，发挥了重要作用。

陈 云

要用百分之九十以上的时间作调查研究工作

20世纪60年代初，我国国民经济出现了严重困难。为了解情况、探寻原因、找对方法，全党大兴调查研究。1961年6月至7月，为了掌握农业经济发展的实际情况，陈云深入上海青浦县小蒸人民公社开展蹲点调研。在来到小蒸之前，陈云已经在河北、山东、河南等地进行了三个月的调查研究，通过调查，他对调整农村政策、解决农业困难和粮食紧缺的必要性和紧迫性有了深刻的认识。

到小蒸后，陈云吃住在当地农民家，不顾自身患病，起早贪黑蹲点调研，上午开座谈会，下午到田间地头、养猪场和农民家里实地考察，与公社党委和农民密切接触、深入交流。陈云认识到，即使在产粮量较高的江南地区，农民仍存在肚子吃不饱的问题。15天内，陈云共开了10次专题座谈会，从“公养猪”“私养猪”“农作物种植安排”“自留地”“平调退赔”“农村商业”“公社工业和手工业”“粮食包产指标、征购任务、农民积极性”“干部问题和群众监督”“防止小偷小摸，保护生产”等方面摸清楚了当地农业情况。其中，陈云重点对母猪私养和公养、单季稻和蚕豆种植及自留地这三个问题进行了反复的了解和调查。

陈云对母猪公养和私养进行了全面比较。他专门召开了两次座谈会，一次讨论生产大队集体养猪，一次讨论农民私养猪。陈云鼓励大家如实反映小蒸公社的养猪情况，不要有顾虑。座谈会后，陈云带领调查组亲自到公社 15 个养猪场中的 10 个进行实地考察。通过调查研究，陈云认识到，私养母猪的养护条件远高于公养母猪，私养母猪全年生产和养大的苗猪数量是公养母猪的一倍以上。通过全面比较，陈云得出结论:“要迅速恢复和发展养猪事业，必须多产苗猪；而要多产苗猪，就必须把母猪下放给社员私养。这是今后养猪事业能否迅速恢复和发展的一个关键。”回到北京后，陈云写出《母猪也应该下放给农民私养》的调查报告，经邓小平批示印发中央工作会议，对落实调整农村政策，调动农民积极性，产生了积极影响。

农作物种植也是小蒸农民极为关注的问题。在种植安排上，存在着两个有争议的问题：一个是种不种双季稻，另一个是多种小麦还是多种蚕豆。对待争议，陈云没有轻易下结论，而是同社队干部和农民进行了细致的比较和研究，全面算了账。为了把实际情况看得更全面，陈云又对其他几个与小蒸情况相仿的地区分别作了进一步比较和调查。通过调查和比较研究，陈云认为，“作物安排必须因地制宜”“历史上长期形成的耕作习惯，不宜轻易变更”“要从实际出发，不要轻易把群众的老经验吹掉”。

自留地问题，也是当时调整农村政策中需要解决的一个突出问题。小蒸的自留地只占耕地面积的3%，其中大田只占0.5%，无法满足当地农民的生产需求。陈云带领调查组针对自留地问题召开了专题座谈会，广泛听取干部群众的意见。社队干部提出了多留一点自留地给农民的好处，以及对增加自留地存在的顾虑和担忧。陈云坚持从实际出发，充分尊重群众的意见。他指出：群众种自留地积极性很高，种集体地积极性很差，这主要是我们工作中的缺点错误造成的。对缺点错误要向群众摊开讲，这样做不会降低威信，而会提高威信。有的地方不敢讲，说缺点错误是个别地方个别干部的事，群众不相信。群众是讲实际的。

陈云是重视调查研究的典范。他常说：“领导机关制定政策，要用百分之九十以上的时间作调查研究工作，最后讨论作决定用不到百分之十的时间就够了。”

任弼时

调查研究的行家里手

任弼时特别注意倾听群众的疾苦、意见和要求。在陕北，他利用打猎的机会，跑到农民的山庄里，问农民收的粮食够吃不够吃，帮助他们研究生产门路。他利用行军打仗的机会，和驻地农民谈话，问他们土地改革做得怎么样，帮助他们纠正偏向，想出贯彻的办法。在北京，他利用警卫人员到街上买东西的机会，调查商人的生意好不好，对政府有什么意见，研究如何才能让市面繁荣起来。到颐和园游览，他看到管理处的负责同志，耐心地询问园内有多少工作人员、有多大开支、有什么困难。任弼时告诉他们要养鱼、栽花、种果树，争取自力更生，以减轻人民的负担。

任弼时了解的材料不是从一方面来的，而是从多方面来的。他不只注意正面的材料，同时也注意侧面、反面的材料。因此，他获得的材料往往是很全面的。任弼时随时都在替群众想办法，群众都愿意把心里话告诉他。他向群众请教，同干部商量，每解决一个问题，都要经过深思熟虑，然后才得出结论。

1933 年，仅有 29 岁的任弼时出任湘赣苏区省委书记。当时，湘赣地区肃反扩大化严重，查田运动中出现许多“左”的错误，干部群众思想混乱，许多工作无法开展。在这种情况下，任弼时感到需要对这些错误发生的原因和情况进行了解。于是他对湘赣苏区的历史与肃反状况、土地情况作了摸底和分析，并在摸清情况的基础上作出了相应的决策，从而在一定程度上纠正了错误，稳定了干部和群众的情绪，打开了工作局面。

1941 年 4 月，毛泽东重印了《农村调查》一书，重申“没有调查，就没有发言权”的著名论断，希望能“帮助同志们找一个研究问题的方法”。之后，中央连续发出《关于调查研究的决定》《关于实施调查研究的决定》《关于检查调查研究决定执行程度的通知》等文件，并在中央政治局下设调查研究局，毛泽东兼局长，作为中央秘书长的任弼时兼任副局长。在分工上，各抗日根据地政治和党务的调查研究均由任弼时指导。

1944 年，在陕甘宁边区高级干部会议上，任弼时作了长篇报告《去年边区财经工作的估计与今年边区金融贸易财政政策的基本方针》。在报告中，任弼时展示了 7 张图表。这些图表或是根据任弼时用近三个月的时间调查研究后得到的统计资料汇总而来，或是从《解放日报》的通讯中改制而成，或是任弼时与农民交朋友、拉家常的过程中获得的。每张图表任弼时都做了精心的设计，有分析，有比较，有结论，抽丝剥茧，丝丝入扣。运用这些经过深入细致的调查研究获得的材料，任弼时在报告中点面结合地将陕甘宁边区经济发展的总体面貌生动直观地反映出来。这样的报告不但使听众信服，也使政策的提出更加符合实际。毛泽东审阅这份报告后，批示作为“党内高级干部读物”印发。

在解放区土地改革的高潮中，有些地区也发生了“左”的错误倾向。因此，毛泽东委托任弼时进行实地调查，并研究土地改革的方针政策。那时，任弼时深受高血压等疾病的折磨，中央决定让他在杨家沟附近休养一段时间。任弼时住下来后，说是在休息，实际上天天都在工作，每天都到杨家沟周围的几十个村子作调查。他访问农民，询问生产、生活情况，征求他们对土改工作的意见，甚至还亲自参加一些村子斗地主的大会，实际感受土改运动。在调查中，任弼时发现“左”倾错误十分严重。经过充分的调查研究，在1947年十二月会议上，任弼时就土改和整党问题作了重要发言，得到了党中央和毛泽东的充分肯定。

1950年10月，就在任弼时病情恶化前的五六天，他还在和地方上的同志谈话，为搜集党的组织工作方面的材料向他们作调查研究，征求他们的意见。任弼时就是这样注重实事求是的工作作风。

勤于学习

善于学习

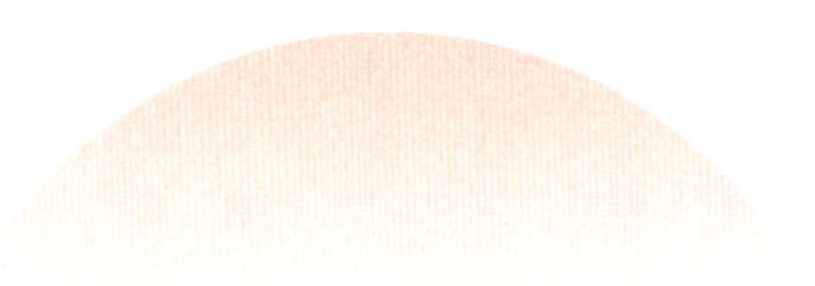

毛泽东

不动笔墨不看书

毛泽东进入湖南第一师范学校后，充分利用各种有利的条件，刻苦学习，探索救国之道。在学习过程中，他特别赞同老师徐特立提出的“不动笔墨不看书”的主张，在看书时，十分注意把读书、思考、记录和批注结合起来。

学习中，毛泽东特别重视做笔记，有听课时所记的课堂记录，有读书笔记，有阅报摘录本，还有抄写本、随感录和日记。他十分珍爱这些笔记本和书籍，后来把它们都送回韶山老家珍藏。1929 年，国民党军队到韶山抄他的家，住在附近的族人得到消息后，不得已将这些笔记本和书籍全都搬到后山烧毁。一位曾在私塾教过毛泽东的老先生，冒险从火堆中抢救出一本笔记本和两册教科书，它们才得以保存至今。

这本仅存的笔记本，也就是《讲堂录》，全面呈现了毛泽东当年学习时所做笔记的情况。《讲堂录》共47页，前11页是毛泽东手抄的屈原的《离骚》和《九歌》；后36页主要是他在上杨昌济和袁仲谦课时的听课笔记和读书札记。《讲堂录》记载的内容和范围非常广泛，包括先秦哲学、楚辞、汉赋、《史记》、《汉书》、唐宋古文、宋明理学及明末清初的思想家、文学家的相关著作。有评论历史、政治和人物的记载，有关于自然科学常识的记载，其中还夹杂他的议论、意见和看法。这些都充分显示了毛泽东学、思、记相结合的学习习惯。

在读书时，毛泽东喜欢做批注。他读过的书中，空白处都被密密麻麻地标注上了自己的看法和思索所得。对于有些合意的句子和段落，他会加上密集的圈点，批上“此段甚精”“言之成理”或“此论甚合吾意”等；对于有些自己不太满意的句子和段落，他则会画杠打叉，批上“不通”“荒谬”或“陋儒之说也”等。

对《伦理学原理》一书的批注，反映出青年毛泽东的批判精神和独立思索精神，充分展示了他“不动笔墨不看书”的学习原则。《伦理学原理》一书为1909年蔡元培翻译的德国哲学家泡尔生的《伦理学体系》的一部分，曾被湖南一师作为本科毕业班的修身课教材。在这本十几万字的著作上，毛泽东写了一万多字的批语和提示，几乎将全书逐字、逐句都用红笔、黑笔加上圈点、单杠、双杠、三角等符号。批语的绝大部分内容是抒发自己对道德、人生、历史、宇宙的看法。凡原著中与他的观点较吻合之处或颇能发人深思处，他就密加圈点，批上“切论”“此语甚精”“此说与吾大合”“振聋发聩之言”“诚哉，诚哉”“吾极主此说”“此节议论透彻之至”等语句。对于原著中有怀疑或否定的地方，便批上“诚不然”“此不然”“此节不甚当”“此处又使余怀疑”“吾意不应以此立说”“此说终觉不完满”等语句。在很多地方，他还联系我国历史和五四前夕的政局和思想动态，加以分析对比。如当原著中论及专制政体与暴君时，他便在旁边注上“如袁政府”；当论及康德的形而上的道德哲学时，便注上“吾国宋儒之说与康德同”等语。

毛泽东这种“不动笔墨不看书”的良好学习习惯，后来几十年都未曾改变，在他读过的大量书籍中，随处都可以看到他圈圈、点点、朱墨纷呈的斑斑笔迹。这使他受益良多，也值得我们借鉴和学习。

一天不读书就难受

毛泽东一生酷爱读书。他曾经说：我一天不读书就难受，你要一天不给我吃饭，肚子里头还有存货，没事；要一天不读书，我就活在这个世界上很难受。有一次甚至说：如果再过10 年我就死了，那么我就一定要学 9 年零 359 天。毛泽东晚年的时候患上了严重的眼疾，有两年的时间，看书、阅读都有困难。在医生给他做了白内障切除手术后，眼睛好了，他很高兴。医生给他戴上眼镜，他来不及休息就看书了，连续看了4个钟头。

毛泽东读书的范围很广、很宽，从马列主义著作到西方资产阶级的著作，哲学、历史、文学、经济学、自然科学、技术科学，几乎都有涉猎。

毛泽东有句名言："要认真看书学习，弄通马克思主义。"马列主义著作，是毛泽东学习的重要内容。从1920年开始，他就奋力苦读马列、研究马列、运用马列了。毛泽东最初接触的马克思主义经典著作是《共产党宣言》，并由此树立起对马克思主义的信仰。

后来，毛泽东又读了恩格斯的《反杜林论》、列宁的《国家与革命》《社会民主党在民主革命中的两种策略》《共产主义运动中的"左派"幼稚病》等。长征路上，病中的毛泽东在担架上还在读《反杜林论》。延安时期，毛泽东读的马克思主义经典著作就更多了，比如《资本论》。他不仅读书，而且在书上写下自己的体会，很多书上都留下了他的批语和画的圈、点、杠。对有些自己感兴趣的书，他还会反复读。新中国成立后，如何建设社会主义是摆在中国共产党人面前更为艰巨的任务。每当在社会主义建设实践中陷入迷惘或者遇到困难的时候，毛泽东总是在马列主义著作中寻找解决问题的答案。他再次阅读《资本论》，多次阅读《政治经济学批判》《列宁有关政治经济学论文十三篇》等，认真研究了斯大林的《苏联社会主义经济问题》等。到了晚年，虽然视力大减，他还是坚持读大字版的马列著作。

毛泽东还特别善于学习历史，借史明理，古为今用。1920年，青年毛泽东在给好友蔡和森的一封信中说:“读历史是智慧的事，求遂所欲是冲动的事，智慧指导冲动。”那一年，毛泽东27岁。那时的他已经认识到读史可以启迪人的智慧。他从许多古人的处事、行事的方式中不断地汇总着一些有用的东西，将其变成自己的思想，或者作为处理各种问题的参考。历史上的一些典故，他信手拈来，可以讲得非常好。毛泽东经常用这些典故来启发人、教育人。读史的习惯，伴随毛泽东的一生，一直到他去世，也未曾改变。

毛泽东的读书精神，一直坚持到他生命的最后时刻。毛泽东生前的最后一份医疗记录上，记录了他去世前的阅读情况，时间长达1小时44分钟。他真正做到了活到老、学到老。

周恩来

读书不虚度

周恩来自幼酷爱读书，从小就养成了爱读书、爱学习的习惯。4 岁起，他就在嗣母的教育下识字，5 岁入私塾，8 岁到 10 岁就开始读小说，如《西游记》《镜花缘》《水浒传》《三国演义》《红楼梦》《说岳全传》《盛世危言》等。

1910 年，周恩来的伯父周贻赓从与周恩来的书信中发现他是一个可造之才，便要将 12 岁的周恩来接到东北沈阳学习。周恩来得知后，兴奋得几天都没有睡好觉。1910 年至 1913 年，周恩来先后入银冈书院（初级小学）、奉天第六两等小学堂（辛亥革命后改名为沈阳东关模范学校）读书，各科成绩都名列前茅。他的作文尤受老师赞许，常被批上“传观”二字，贴在学校的成绩展览处，让同学们观看。他的一位老师赞许道：“我教了几十年的书，从来没见过这么好的学生！”在东关模范学校，周恩来遇到了一位具有进步思想的老师，名叫高戈吾，受其影响，周恩来先后阅读了陈天华的《警世钟》《猛回头》、邹容的《革命军》等革命书籍。他还订了《盛京时报》，养成每天坚持读报、关心国事的习惯。面对当时社会的黑暗、人民的痛苦，周恩来对学习的思考逐渐深入。在一次修身课上，校长问同学们：读书是为了什么？有的说是为了帮父母记账，有的说是为了谋个人前途，而少年周恩来郑重地回答：“为中华之崛起而读书！”在沈阳，周恩来度过了十分宝贵的三年学习时间，他刻苦读书学习，丰富了自己的知识储备，为以后实现自己的抱负打下了坚实基础。

1913 年，15 岁的周恩来又随伯父来到天津，进入南开学校学习。由于家境贫寒，周恩来在天津学习时，经常忍饥挨饿、穿破衣服。当时，有很多家境困难的同学都不得不中途退学，但是周恩来想方设法节衣缩食、维持学业。穷人家的孩子知道生活的艰难，因而读书更加认真。

在进入南开学校之初，周恩来就给自己规定了五个“不虚度”：读书不虚度、学业不虚度、习师不虚度、交友不虚度、光阴不虚度。他平时学习非常刻苦，常常读书到深夜。刚进学校时，他的英文水平不高，为了把成绩提上去，他早上起床后、中午和下午的业余时间，都用来学习英文。不到一年的时间，他的英文成绩就得到很大提高，并且能够阅读一些英文原著。

随着学习的深入，学校开设的课程已经不能满足周恩来对知识的渴求。于是，他一方面到图书馆借阅书籍，另一方面更加节衣缩食，从“牙缝”里挤钱去买书。一次他在书店看到一部精印的《史记》，毫不犹豫地掏出伙食费买了下来，只要有时间就认真阅读。在南开期间，周恩来还阅读了很多中外思想家的书籍，如顾炎武、王夫之、梁启超、谭嗣同、卢梭、孟德斯鸠、赫胥黎、亚当·斯密、斯宾塞等人的著作，他基本精读了一遍。刻苦的学习，使周恩来的成绩一直名列前茅。毕业时，他的平均分数是 89.72 分，是同学中最优秀的。

19 岁时，周恩来东渡日本求学，而后又游学欧洲，直到 1924 年回国。在外留学期间，周恩来从来没有放松过对自己的要求，一直在读书学习，读书的内容和范围也逐步扩大。正是由于读书，他才接触到了马克思主义，找到了改变中国命运的工具和武器，由一名单纯的爱国者逐步转变为一名坚定的革命者。

在戎马倥偬的革命时期，周恩来的大部分时间都献给了革命事业，但是他无论多忙，都坚持读书学习，各种书籍是他手边最常见之物。甚至在住院期间，他都要看书学习。1942 年 6 月，他因小肠疝气发炎而动手术，住院期间，他在给邓颖超的信中写道:“星期四来，望带《唐诗三百首》及《白香词谱》来。”

新中国成立后，虽然日理万机，但是他仍然坚持读书学习，他的案头上始终放着马列著作和毛主席著作，里面许多地方圈点得密密麻麻，并写下了大量眉批。

周恩来对于自己家人的学习也是严格要求。1963 年 5 月，周恩来对他的侄儿说：“要永远感到不足，思想才能不断进步。我革命 40 年，难道没有一点旧思想了？要革命一辈子，学习一辈子，改造一辈子。”1964 年 8 月，周恩来在外地的一些亲属恰巧来到北京。周恩来抓住这次难得的机会，在周日抽空给大家开了次家庭会议。在会上，他没有闲叙亲情，而是把大部分的时间都用来讲述学习的重要性。他对大家说，一个人要活到老，做到老，学到老，改造到老。要求自己的晚辈们不断学习、不断进步。

刘少奇

“三天不学习，赶不上刘少奇”

刘少奇热爱学习在党内是出名的，毛泽东曾经夸赞刘少奇：“三天不学习，赶不上刘少奇。”刘少奇谦虚地回应：“一天不用功，赶不上毛泽东。”二人这段佳话广为流传，一直激励着全党同志坚持学习、不断提升自我。

刘少奇自小酷爱读书，到处借书来看，读起书来手不释卷。年幼的刘少奇把他住的一间狭小的房子布置成书房，把自己收集到的各种图书存放在这里，一有时间就关起门来静静地读。母亲心疼他通宵达旦地读书，每天只给他半盏灯油，但这远远满足不了他的求知欲。他便每天晚上到碾坊借着碾米时微弱的灯光贪婪地读书，直至下半夜才回到书房，点起母亲给的半盏灯油接着读。刘少奇从小就保持了爱读书、勤思考的好习惯，小小年纪就明白了很多道理，村里很多人都知道“九满”

（刘少奇的乳名）爱读书、见识广，有不明白的事常常找刘少奇解惑，刘少奇也总能讲出一番道理，村里人亲切地称他为“刘九书柜”。青年时代的刘少奇博览群书，广泛涉猎中国古代思想家的著作，系统通读了《御批增补袁了凡纲鉴》和《御撰资治通鉴纲目三编》，全书都做满了标记，有红笔加注和圈出的重点，还有许多批注。刘少奇读得非常通透，且有深入的思考。

走上革命道路后，刘少奇保持着爱学习的品格，他认为“没有文化，就搞不好革命工作”，所以在艰苦的革命岁月，仍然做到书不离手，以“蚂蚁啃骨头”的精神坚持读书学习。刘少奇在著名的《论共产党员的修养》中提出，党员要加强理论学习，建立共产主义的世界观和无产阶级立场，要坚持理论联系实际，把提高思想修养和改造客观世界密切联系起来。他是这么要求别人的，也是这么要求自己的。据张爱萍回忆，他一直因为敌后环境紧张复杂，战斗频繁，抽不出时间学习而感到苦恼，直至看到刘少奇深夜苦读的场景，才从思想上驳倒了自己。那是 1940 年初夏，刘少奇到皖东北视察，在指挥反顽战斗后便到苏皖纵队了解情况，此时张爱萍的部队就在附近宿营。一天深夜，大约一点多钟，张爱萍独自骑马到刘少奇驻扎的村子附近，一面思考着向少奇同志汇报工作，一面又担心少奇同志已经睡下了。正在踌躇间，他看到了刘少奇院子中的灯光，询问警卫员才得知刘少奇还没休息。张爱萍怀着激动的心情推开房门，只见刘少奇坐在桌旁，手里拿着一支烟，正聚精会神地读书，书页上还有好多红色或蓝色的圈点和批注。刘少奇看见张爱萍就放下手中的书，两人又谈论了两个钟头。张爱萍深受触动，从此更加注重学习。刘少奇总是以身作则，用他对学习的执着和热爱感染身边每一个人。在华中局，他指示地下党组织买来大量马列主义经典著作和革命文艺书籍，有《共产党宣言》《列宁主义问题》，还有小说《钢铁是怎样炼成的》《铁流》和高尔基的自传三部曲等，将它们发到华中各根据地和新四军各部队去，为根据地军民增添了可贵的精神食粮。1942 年，刘少奇从华中回延安，一路跋山涉水，突破敌人多道封锁线，还参加沿途三个解放区的反“扫荡”战斗，在这样艰苦和危险的情况下，他每天仍然坚持学习，竟把中国历史和中国哲学有关书籍又学了一遍。

新中国成立后，刘少奇仍然把学习当作解决问题的重要方法。他提出：“现在中国革命胜利了，不读书，可不成。以前在山头上，事情还简单，下了山，进了城，问题复杂了，我们要管理全中国，事情更艰难了。”1951 年底，刘少奇到南方休假两个月时间。这次休假，刘少奇给自己安排了一个重要任务，就是看书。他从北京动身时带上了范文澜的新作《中国通史简编》，在杭州停留的一个月时间里，就把这本书放在案头，休假结束时已通读完毕。此后的每次休假，都是刘少奇读书学习的好时光。

朱　德

学习好比血要流动

朱德喜欢读书，就是在战火纷飞的年代，他也总是随身带着许多马列主义书籍和报纸杂志，在硝烟中从不放过一分一秒的学习时间，经常是白天行军、指挥作战，晚上点起油灯学习到深夜。

1936年10月，红军长征到达陕北后，朱德暂时住在保安。在那段时间里，他埋头读了很多书，几乎连吃饭、睡觉都忘记了。后来他常对人说："在保安住的那几个月，有时间坐下来好好读点书，真是再好不过了。"

朱德读书很专心，真正做到了聚精会神，废寝忘食。1937年2月的延安，大地银装素裹，寒风刺骨。朱德住的窑洞檐上结满了长短不一的大冰凌，冷风穿透门帘直吹到屋里，点着的炭火早就熄灭了，可朱德仍然像往常一样，全神贯注地看书，有时还要用笔圈圈画画。警卫员为给朱德驱寒，重新把炭火烧旺，他竟然一点也不知道。朱德为了读书，经常废寝忘食。为此警卫员很着急，怕影响了他的身体。有一次，快到开饭时间了，可朱德仍在津津有味地读着书。警卫员几次催促他吃饭，他都不理。后来，警卫员只好打了一个“假报告”:“有人来找您汇报工作了。”朱德这才合上书，站起身来。

朱德曾说:“读书，在我是一辈子最苦的，一直到现在，也还没感觉一天是够过，太不够了。……从也没懒过，只要有工夫就读，实在是因为小的时候没有书，想读读不到的困苦的关系。”是啊，对于一个爱读书的人来说，最大的苦莫过于想读读不到、想读却没书的困苦了。

1938 年，八路军转战于华北敌后。朱德的马上总是驮着一个袋子。这里面装的不是吃的，也不是用的，而是书籍、报纸、文件等，如同一个流动书架。行军途中休息的时候，朱德便从里面拿书或报纸来学习。要是停留在宿营地，他便把马袋子里面的书以及中央文件、延安来电等拿出来，放在手边，专心致志地学习。直到部队再次出发，他才把这些“宝贝”重新装回他的马袋了。在那战事频繁的险恶环境中，朱德就是靠着这个“流动书架”坚持读书学习，从未间断过。

1940 年，朱德在太行山指挥对日作战，本来就够他忙的了，有一天他听说政治部有位同志从延安带来了一本新翻译的《反杜林论》，就急忙借来看。过了一段时间，当他把这本书送还人家时，那位同志发现全书的每一行字下面，都用红铅笔画满了整齐的红杠杠。那位同志诧异地问：“总司令，别人看书都是只在书中重要的句子下面打上红杠杠，您怎么从头至尾都打上红杠杠了呢？”朱德先是表示了歉意，然后感慨地说：“唉，上了几岁年纪，眼睛有点不顶用了，晚上在菜油灯下看书，有些晃眼，书上的字又小，看着看着就串行了。后来我想了个法子，找了一个米尺压着书，画上红杠杠看，这就不会串行了。不过这样一来，倒把你的书都画乱了。你不怪我吧？”那位同志赶紧摆摆手。朱德笑着继续说：“这本书我读过不止一遍了，可还总有些地方读不太懂。有时看看，再想想；有时工作一忙，给打断了，等有时间了再接着看。看过的地方画上红杠杠，一翻书就知道读到哪里了。”那位同志被朱德的学习精神深深感动了。

朱德不知疲倦地学习，常常坐在一盏小油灯下，一读就是大半夜。警卫员们都担心他的身体，于是经常在民主生活会上给他提意见，说他太不注意休息。朱德总是笑着说：“我感谢同志们对我的关心和爱护，可是我要不抓紧时间学习，很快就会落伍的。我可不愿当一个落后分子！”

因为热爱学习，1940 年 6 月，朱德被评为“学习模范”。表彰大会上，他谦虚地说：“同志们说我是学习模范，老实讲，怕算不上。因为我小时候读了些‘子曰’‘诗云’之类的东西，这些旧东西现在大部分要不得了。现在要重新学起，学新的马列的书。不学行吗？我只记住一句话：活到老，学到老，还有三分学不到。学无止境啊！”

新中国成立后，朱德身负重任，日理万机，但他对读书学习依旧从不放松，孜孜不倦。朱德抓紧一切可以利用的时间，通读了中共中央规定的高级干部必读的32本马列著作，其中大部分至少读了两遍，还写下了许多读书笔记。尤其是《毛泽东选集》，朱德通读了9遍。有一天，朱德带病坐在办公桌前看《列宁选集》，护士看到他读了很长时间也不休息一下，便提醒说：“首长，您身体不好，还发着低烧呢，该休息一会儿啦！”朱德摇摇头说：“学习好比人身上的血要流动一样，不能停息。正因为我年岁大了，更要抓紧时间学，只有这样才能革命到底不掉队啊！”

邓小平

读书看报，充实生活

读私塾的时候，邓小平就非常认真刻苦，加上聪明伶俐、理解力强，《三字经》《百家姓》《千字文》等古文，他基本读几遍就能背诵和解答；练习写毛笔字时，他不仅课上很认真，回家后也反复练习，因此经常得到老师的夸奖。上小学后，学校离家很远，下雨后路上非常泥泞，母亲心疼他就不让他去学校，但是邓小平仍然坚持每天上学。为了节省时间，他时常中午不回家，下午饿着肚子上课，就这样每天两个来回，寒来暑往、风雨无阻。上了高等小学后，他就开始寄宿，一周只能回家一次，并且喜欢上了地理课和历史课，经常运用所学的知识思考一些自然现象和简单的工业生产问题。从那时起，他爱读历史书籍，《资治通鉴》、二十四史等，一直到晚年他都在读；也是从那时起，他养成了看地图的习惯，以后不论走到哪里，他都要看看地图。初中时，他开始接触新文化运动传播的新思想、新道德、新文化，主动阅读进步书刊，学习进步思想，比较深入地思索一些社会问题，在阅读和学习中有了初步的爱国和民主思想。

1919 年，邓小平告别家人，来到重庆留法勤工俭学预备学校，为赴法勤工俭学而学习。此时的邓小平只上了一年中学，而学校开设的课程内容比较深，好些都是他以前没有接触过的，特别是法文，学校要求在一年之内达到“粗通”的程度，这对于当时的邓小平来说，并不是一件容易的事情。所以，他抓紧一切机会刻苦学习。16 岁时，邓小平踏上了去法国的漫漫路途。在法国期间，他一边打工，一边学习。为了快速提高自己的法语水平，他白天在巴黎公学上法语课，晚上利用业余时间仔细听法国人之间的谈话。经过不断学习，他的法语水平有了很大提高。后来，在赵世炎、王若飞等的影响下，邓小平开始接触和阅读关于社会主义的书报，渐渐有了参加革命组织的要求和愿望。加入党组织后，受组织委派，邓小平又来到苏联莫斯科，开始系统学习马克思主义理论。

回国之后，邓小平全身心投入革命事业中。在烽火连天的战争岁月，他尽管工作繁忙，还是会挤出时间读书学习。在行军打仗的途中，他宁愿自己走路，也要把书放在马背上，以便随时翻看。在各处的临时办公地点，邓小平的房间里总是摆满了各种书籍。新中国成立后，邓小平更加繁忙，但他仍然坚持读书学习。每天上午 9 点到 10 点，他都会在书房看书读报，或者听秘书读国内外的报刊新闻。在长期的读书看报中，他积累了丰富的知识和国际国内大量信息。

“文革”期间，邓小平被错误地批判，失去了自由，却有了难得的读书机会。1969 年，他被下放到江西监管劳动时，特意请示将自己在北京的书籍随身都带到了江西。他每天上午要去工厂参加劳动，劳动以外的时间基本就是伏案读书，有时能一直读到深夜。几年时间里，他阅读了大量马列主义著作、中国重要历史书籍和古今中外文学名著。他的女儿邓榕曾回忆说:“在那谪居的日子里，父母抓住时机勤于攻读，特别是父亲，每日都读至深夜。那几年中，他们读了大量的马列著作，读了二十四史以及古今中外的其他书籍。对他们来说，能有时间如此坐下来读书，确也是难得的机会。我们到江西探亲时，父亲常给我们讲一些历史典故，有时还出题考我们。母亲也时常给我们讲述、议论一些书中精辟之处。在读书中，他们抚古思今，收益不浅。我父亲为人性格内向，沉稳寡言，50 多年的革命生涯使他养成了临危不惧、遇喜不亢的作风，特别是在对待个人命运上，相当达观。在逆境之中，他善于用乐观主义精神对待一切，并用一些实际工作来调节生活，从不感到空虚与彷徨。在江西那段时间，他就主要用劳动和读书来充实生活，陶冶精神。”

1989 年 11 月，邓小平离开党和国家的领导岗位，正式退休，读书读报成为他退休生活的一项重要内容。女儿邓林曾回忆道:“到了晚年，爸爸爱看武侠小说。他说看武侠小说不用动脑子，轻松、消遣，得到休息。办公室为他订了十几种报纸、杂志，他每一份都读得非常仔细、认真。报纸成为爸爸退休以后了解社会、与世界沟通的渠道。”

陈　云

办法是一个字：挤

陈云虽然出身贫寒，只读过小学，但是他凭借在长期实践中坚持不懈的刻苦学习，具备了很高的思想理论水平。

从 1937 年底到 1945 年，陈云在延安工作了 7 年多。这一段时间，是他学习最紧张、收获最大的时期之一。他利用延安相对安定的环境，阅读了大量马克思主义书籍，撰写了大量的理论文章，发表了多次演讲，对学习问题进行了深入的思考和探索。

1937 年 12 月，陈云担任中央组织部部长。尽管工作十分繁忙，但他始终坚持学习，从不放松。在承担大量工作的情况下，如何坚持学习？陈云的办法是一个字：挤。陈云十分珍惜时间，工作之余，不打扑克，也不跳舞，而是全力地挤时间读书学习。毛泽东曾夸赞陈云："陈云同志有'挤'的经验，他有法子‘挤’出时间来看书，来开会。”

这一时期，陈云花了很多时间学习哲学。抗战爆发后，毛泽东多次告诉陈云，要多读些哲学著作，学习唯物辩证法。在毛泽东的建议和启发下，陈云开始了系统的哲学学习，他认真研读马克思主义哲学著作，特别是毛泽东的《实践论》《矛盾论》《论持久战》《中国革命战争的战略问题》等著作，从中学习处理中国革命问题的立场、观点和方法。与此同时，陈云还开展了对古代哲学思想的学习研究，参加了中央组织的中国古代哲学研究会，并担任副组长，学习的内容主要是孔子、庄子、荀子、墨子等人的哲学思想。通过系统地学习哲学，陈云的思想理论水平有了很大提高。他说：“学习哲学，可以使人开窍。学好哲学，终身受用。”

陈云不仅自己主动学习，还帮助其他干部培养学习习惯。党的六届六中全会后，全党掀起了学习的热潮。陈云在中组部组织了一个六人学习小组，自己担任组长，带领大家认真研读马列经典著作和毛泽东相关著作，该学习小组坚持了五年之久。学习小组的学习方法是，每人在读完规定的篇章页数的基础上，进行讨论交流，每次小组会出一到两名小组成员分享著作章节的主要内容和中心思想。陈云在忙碌的工作中，严格要求自己，从来没有落下一章一节的学习。他还严格要求小组成员，督促其完成学习任务。学习小组的成员王鹤寿回忆道：有一位同志因为工作忙而没有读完规定的篇章页数，受到了陈云的严肃批评。除了小组内自学外，陈云还邀请当时的著名学者来进行辅导讲学，内容广泛，涉及德国古典哲学、社会主义发展史、政治经济理论、唯物辩证法、民族问题等多个领域。通过学习辅导，学习小组的成员及列席成员不仅掌握了更多的理论知识和哲学知识，而且深入思考中国革命的实际问题，发挥着理论指导革命实践的积极作用。陈云组织领导的中组部学习小组被评为模范学习小组。

1939年12月，陈云写下《学习是共产党员的责任》一文。在文中，陈云将学习上升到“党员对党应尽的责任”高度，并总结提出“要将现有的主要教科书一本一本地读”“学习理论一定要联系实际”“读书要做笔记”“读书最好有个小组，几个人在一起讨论一下，可以互相启发”“要订出一个切实的读书计划，照着去办，坚持不懈”等一整套学习办法。

任弼时

从那一行的 ABC 学起

1928 年，由于叛徒出卖，任弼时在工作中不幸被国民党逮捕，关押在安庆的饮马塘看守所。据当时安徽省临时委员会的秘书柳湜回忆，任弼时在狱中帮他分析案情时告诫他说：年轻人有个缺点，就是急躁，总想马上冲出监狱。能冲出去自然好，但明明没有这样的条件，就要准备坐牢，利用坐牢时间学习。同在一个监狱的芜湖市党的区委书记戴映东回忆说：在弼时同志的启发下，许多同志都能以正确态度对待狱中生活，狱中学习的氛围浓厚起来。在柳湜等同志的领导下，狱中成立了两个学习组，一个是工农分子学文化，一个是有文化的同志学理论，这使难友的情绪逐渐稳定下来。

1941 年，在陕甘宁边区财政经济负担十分严重的情况下，毛泽东指示陕甘宁边区“要把经济建设当作党和民众团体整个工作的中心，在边区的六万五千干部和部队要争取全部自给”，任弼时在代表中央领导边区工作后，深感责任重大。虽然早在1931年在中央苏区工作时，任弼时就已经接触经济工作了，在湘鄂川黔根据地也曾领导过经济建设，而像这样面对敌人严重的经济封锁，边区经济又异常困难的情况下主持经济工作，还是有很大挑战的，需要摸索出适应新形势的新方法。加上当时我们党对政治和军事斗争比较熟悉，而对于经济建设工作却比较陌生，很多同志“并不知道怎样去经营商业这回事”。这时候，任弼时告诫大家“商业贸易是有数千年的发展史，积累有非常丰富而复杂的学问，绝非一个门外汉所能立即精通的”，一切都要从头摸索，“然而商业是一门复杂的学问，‘行行出状元’，这一句话说明任何一个职业都有其精微奥妙的高深知识，绝不能看成是轻而易举的事，要学会一行，就必须虚心地从那一行的ABC学起才行”。尽管有着一定的经济建设经验，但任弼时仍以这种从头学起的决心，领导陕甘宁边区开展经济建设。在他的带领下，边区打破了敌人的封锁，经济得到了发展。

对待学习，任弼时有着坚持不懈的韧劲，即使在病中，也不忘学习。1950年3月，任弼时在苏联疗养期间，心系新中国的建设，他除了按医生嘱咐每天进行散步等室外活动，其余时间都在学习。他阅读《真理报》和《党的生活》杂志，关注点集中在战后苏联经济恢复和党的组织的建设方面，把其中有关的文章摘录下来，译成中文。在秘书朱子奇回国前，他特意购买一批有关苏联经济建设方面的图书让朱子奇带回国去，他说:“我们国家将要开始经济建设，搞经济建设没有知识是不行的，要学习别人的经验。”他还特别提到要学习建设水电站、管理集体农庄和办人民福利事业的经验。

任弼时不仅严格要求自己认真学习，而且常常鼓励别人从头学起。新中国成立后不久，任弼时因病在玉泉山疗养。华东军区海军司令张爱萍前来探望时，任弼时向他询问华东海军建设情况。当得知根据党中央和毛泽东主席确定的方针，在一定时期内可以组建一支初具规模的、作为建设一支强大的人民海军的基础的华东海军舰队时，任弼时十分兴奋。他说:“我们中华民族历来遭受帝国主义的侵略，多是从海上来的。”但由于建设海军是一项新的工作，没有多少经验可以借鉴，需要从头学起，任弼时又鼓励张爱萍安心工作:“不会作海军工作，就应该努力学习，这样我们才能解放台湾，保卫海防，我们中国人民就再也不会受帝国主义的海上侵略了。”

1950 年 5 月，任弼时结束在莫斯科的治疗后返回祖国。他心系新中国的各项建设工作，多次致信毛泽东，请求工作。当得到同意，恢复部分工作时，任弼时觉得有许多事需要马上去做。他详细了解当前的工作安排，听取工作汇报，还十分关注朝鲜的战局，每天阅读电报，查看地图。7 月，他为中共中央机关工作人员题词:“学习、学习、再学习！”10 月 27 日，任弼时因病溘然长逝，他一直学习工作到生命的最后。

开拓创新 勇于创造

毛泽东

开辟农村包围城市的革命新路

大革命失败后，为了反抗国民党反动派，中国共产党相继领导了南昌起义、秋收起义、广州起义等武装斗争。但是，由于党的经验不足，这些起义的目标都是夺取中心城市。各个起义均遭失败的结果，说明了这一道路在中国走不通。

中国革命的希望在哪里？城市还是农村？在不断调查与思考的过程中，毛泽东给出了答案。

1927 年 9 月，秋收起义失败后，转移到文家市的毛泽东主持召开了前委会议，否定了夺取长沙的主张，决定把起义部队向南转移到敌人力量薄弱的农村地区，以保存革命力量。

从进攻大城市到进攻农村地区，以毛泽东为代表的中国共产党人开始探索符合中国国情的斗争道路，这是中国革命史上的重大转折。

独立领导革命，就必须有一支牢牢掌握在自己手中的革命军队。秋收起义失败后，面对起义队伍士气低落、思想混乱的状况，毛泽东开始考虑怎样才能保住和掌握住这支革命武装，并对其加以改造，使其真正成为党领导的有战斗力的队伍。

在转移过程中，他不顾自己的脚伤，一边指挥队伍，一边亲自进行调查研究。经过考察，他发现凡是拥有一定数量党员的连队，士气就高，作战英勇，长官也能得到有效的民主监督。尤其是由何挺颖任党代表的连队，党员多，注重发挥党员积极作用，基本没有逃兵。毛泽东多次找何挺颖谈话，听取意见。何挺颖说：我看要从军队的党组织去考虑。部队党组织太少，党员人数也不多，这样就抓不住士兵。毛泽东还先后与参加过北伐战争的宛希先、何长工、韩伟等谈话，了解北伐军党组织建设情况，典型代表就是叶挺独立团是团建支部、营建小组，共产党员发挥了很大作用。这些情况让毛泽东下定决心，要加强队伍中党的建设，从组织上确保党对革命力量的绝对领导，再造一支新型革命军队。

毛泽东的基本思路是：抓部队必须抓住士兵，抓住士兵则必须抓好基层。从连队开始，形成连有支部，排有小组，班有党员。由于当时连队党员极少，先从连队建立士兵委员会开始，在连党代表指导下开展工作。士兵委员会优先解决官兵伙食一致和官长打骂士兵问题，以连党代表为主建立支部。不能像旧军队那样靠军官一级一级抓部队，而要依靠党的基层组织，由下而上。实行支部建在连上和士兵委员会建在连上。随后，在三湾改编中，“支部建在连上”的制度正式得到贯彻实行，并且取得了立竿见影的效果。

1927年10月，毛泽东率领改编后的起义部队抵达宁冈县（2000年并入井冈山市）古城。毛泽东再次主持召开了前委扩大会议，决定在井冈山地区建立革命根据地。经过艰难的探索，逐步明确了大革命失败后中国革命的前进方向，农村包围城市、武装夺取政权的道路初步形成。

在进行革命实践探索的同时，毛泽东还从理论上逐步对中国革命的道路问题作出明确的说明。在《中国的红色政权为什么能够存在？》和《井冈山的斗争》两篇文章中，毛泽东论证了红色政权能够长期存在并发展的主客观条件，提出了工农武装割据的思想。

毛泽东开辟的农村包围城市、武装夺取政权道路，是对1927年大革命失败后中国共产党领导的红军和根据地斗争经验的科学概括。从此，中国共产党人终于找到了一条符合中国实际的革命道路。

提出探索中国社会主义建设路线的十大关系

1956年，社会主义改造基本完成后，毛泽东把注意力转移到经济文化建设上来，开始了他人生中又一次重大而艰巨的历史性探索——努力找出在中国这块大地上建设社会主义的具体道路。

怎样在中国这样一个贫穷落后、人口众多、情况特殊的国家进行社会主义建设，马列主义经典著作中没有现成答案，其他国家的经验也不符合中国国情。为了找到正确的答案，毛泽东开始了一次规模大、时间长、周密而系统的经济工作调查。

毛泽东的调查研究，从1956年2月14日开始，到4月24日结束，实际听汇报的时间为43天，共听取国务院34个部门的工作汇报，还有国家纪委关于第二个五年计划的汇报。这是十分紧张疲劳的43个日日夜夜，用毛泽东自己的话说，几乎每天都是“床上地下，地下床上”。早晨一起床，就开始听汇报，每次都是四五个小时。各部事先把汇报写成书面材料送给毛泽东。汇报过程中他边听、边议，不断插话，提出问题，发表意见，进行评论。为了听汇报，毛泽东改变了长期养成的夜间工作的习惯；为了增加对工业建设的感性认识，从4月12日到17日这6天，毛泽东参观了设在中南海的机械工业展览，看得十分认真，有时不满足于讲解员的解说，还叫人找一些有关图书和资料作进一步研究。

毛泽东这次调查研究的过程，也是一个不断思考、总结、提炼、概括的过程。4月19日，他把思考中的问题归纳为三个关系；4月20日，进一步归纳为五个关系；4月24日，又归纳为六大关系。4 月 25 日，毛泽东在主持中央政治局扩大会议时，正式发表《论十大关系》的讲话。

贯穿《论十大关系》全文的基本思想，是“以苏为戒”，根据中国情况走自己的路。就在毛泽东大规模调查研究的时候，1956 年 2 月，苏共二十大尖锐地揭露了斯大林的错误和苏联社会主义建设的缺点和问题，打破了长期以来人们对于苏联模式的迷信。这使正在思考中国如何建设社会主义的毛泽东认识到要汲取苏联和东欧国家的经验教训，独立探索适合中国国情的社会主义建设道路。正如他所说：“十大关系的基本观点，就是同苏联作比较。除了苏联办法之外，是否可以找到别的办法，比苏联、东欧各国搞得更快更好。”

《论十大关系》的主要内容是讨论经济问题及相关的政治生活问题。毛泽东将这些问题概括成十大关系：重工业和轻工业、农业的关系；沿海工业和内地工业的关系；经济建设和国防建设的关系；国家、生产单位和生产者个人的关系；中央和地方的关系；汉族和少数民族的关系；党和非党的关系；革命和反革命的关系；是非关系；中国和外国的关系。其中，工业和农业，沿海和内地，中央和地方，国家、集体和个人，国防建设和经济建设，这五条是主要的。

《论十大关系》集中体现了毛泽东关于怎样建设社会主义的根本指导思想，这就是：努力把党内党外、国内国外的一切积极因素，直接的、间接的积极因素，全部调动起来，把我国建设成为一个强大的社会主义国家。为适应党和国家工作重心向大规模社会主义建设转变的情况，毛泽东在《论十大关系》中对经济和政治方面都提出了一些新的方针。比如在重工业和轻工业、农业的关系上，在坚持优先发展重工业的前提下，强调更多地发展轻工业和农业；在经济建设和国防建设的关系上，强调首先要加强经济建设；在国家、生产单位和生产者个人的关系上，强调三个方面必须兼顾，特别要照顾农民的利益，还要给工厂一定的权力、一定的独立性；在中央和地方的关系上，在巩固中央统一领导的前提下，强调给地方更多的权力和独立性，发扬中央和地方两个积极性；等等。

《论十大关系》是毛泽东关于探索社会主义建设道路的重要成果。回顾这段历史时，毛泽东多次说过：前几年经济建设主要学外国经验，《论十大关系》开始提出自己的建设路线，有我们自己的一套内容。

周恩来

制定和贯彻“八字方针”

20 世纪 60 年代初，“大跃进”导致我国国民经济比例严重失调，加上连年严重自然灾害，我国国民经济和人民生活陷入巨大困难。面对严峻的形势，全党逐步清醒过来，党中央、毛泽东决心认真调查研究，纠正错误，调整政策。在这种形势下，周恩来担负起了整顿遭受严重破坏的国民经济的重任。

1960 年 8 月，国家计委根据中央精神，开始讨论重新编制 1961 年国民经济计划控制数字，时任国务院副总理兼计委主任的李富春在一次讲话中提到“国民经济应着重进行整顿、巩固、提高”。随后，国家计委领导在向周恩来汇报 1961 年国民经济计划时，将这一思想提了出来，认为要对国民经济进行“整顿、巩固、提高”。周恩来在听取报告后，认为应该在“整顿”后面加上“充实”两个字，从而补充发展为“整顿、充实、巩固、提高”八个字。

但是，周恩来对于“整顿”二字还是保留一定的意见。此后，他开始认真思考一个大问题：究竟是用“整顿”还是用“调整”更符合当时的国民经济形势？经过认真思考和调查，周恩来认为还是用“调整”好，“调整”和“整顿”虽然只有一字之差，但是它们的含义却有很大的区别，用“调整”更符合当时扭转我国经济重大比例失调的迫切需要。

1960 年 9 月，中共中央批发了国家计委上报的《关于一九六一年国民经济计划控制数字的报告》，根据周恩来的建议，确定对国民经济实行“调整、巩固、充实、提高”的“八字方针”。1961 年 1 月，中共八届九中全会正式通过了“八字方针”，标志着党领导经济建设的指导思想发生重大变化。

“八字方针”提出后，周恩来一方面抓紧相关政策方针的制定，大力宣传“八字方针”的重要意义，另一方面亲自主抓各方面的具体工作，切实推动国民经济调整。

1961 年 3 月，在中共中央政治局常委扩大会议上，周恩来提出要坚决压缩城市人口，加强农业战线的主张。随后，针对党内思想认识不统一、工业和基本建设调整成效不大的情况，他提出“农村调整先于城市，好转先于城市”。9 月，他进一步提出“调整，首先是调整各种比例关系”，调整的主要任务是“坚决退够、留有余地”“重点调整、打歼灭战”“综合平衡、全面安排”。由于周恩来的大力推动，中共中央开始考虑对国民经济进行全面调整、综合平衡的问题。

1962年春，在讨论调整1962年国民经济计划的会议上，周恩来指出：“今年计划还需要大调整……原来还想慢慢转弯，现在看来不行，要有一个一百八十度的大转弯。如果说，过去是改良的办法，那么，现在就要采取革命的办法。当然，步子一定要踩稳。”当陈云在会上发言提出经济调整“不要拒绝‘伤筋动骨’”时，他插话说：“可以写一副对联，上联是‘先抓吃穿用’，下联是‘实现农轻重’，横批是‘综合平衡’。”

5月11日，周恩来在中共中央工作会议上再次呼吁：“在这样的农业基础上，工业必须有一个大幅度的调整。”他解释说：“我们调整的目的，就是为了精兵简政，增产节约，保证市场，整顿秩序。缩短工业生产和基本建设的战线，相应地缩短其他方面的战线，精兵简政，减少城市人口，减少职工，达到增加农业生产和工业生产的目的，这是一个积极的方针，是一个经过调整、改组，然后前进的方针。”他告诫与会同志：“我们这样一个人口多、经济落后的国家要在经济上翻身，这是一个艰巨的任务。我们应该有临事而惧的精神。这不是后退，不是泄气，而是戒慎恐惧。建设时期丝毫骄傲自满不得，丝毫大意不得。”

在周恩来的坚持下，这次中央工作会议作出了全面贯彻执行“八字方针”，对国民经济进行大幅度调整的重大决策，要求切实按照农、轻、重次序对国民经济进行综合平衡。国民经济的调整工作有声有色、大刀阔斧地展开。到 1962 年底，调整工作初见成效，国民经济最困难的时期已经度过，国民经济出现了从下降到上升的决定性转折。

刘少奇

一直发展到海边上去

1938 年 5 月，徐州沦陷，华中抗日局势急转直下。这年下半年，“决定中国之命运”的中共六届六中全会召开，作出了一个重要的战略决定，就是“巩固华北，发展华中”，同时决定撤销长江局，设立中原局以加强党对华中工作的领导。全会闭幕后的第三天，中央任命刘少奇为中原局书记，把发展华中的战略重任托付给了刘少奇。

接到任命后，刘少奇立即深入华中敌后，开始为发展华中殚智竭力。刘少奇到华中后，就开始思考华中的战略选择问题。当时华中干部思想还不统一，江北的新四军组成也比较复杂，各有各的发展计划，有的主张向北发展，有的认为应该向西突破，新四军有的负责人还要求已经北渡长江的新四军部队重新返回江南。而此时的国民党也开始关注发展日占区力量，在华中遏制共产党和新四军的发展。

1939 年 11 月，刘少奇提出创立苏北根据地的设想，他认为在苏北我们活动的可能性更大，更可放手，应该“广泛猛烈的向东发展，一直发展到海边上去，不到海边决不应停止”。这说明此时刘少奇已经开始关注和考虑苏北地区了。是年 12 月，第一次中原局会议召开，其中一个重要的议题就是讨论解决新四军的战略发展方向，认为“苏北是我们的战略突击方向，应集中力量向这一地区发展”。1940 年 2 月，中原局发出《关于建立苏北、皖东北根据地的指示》，提出“八路军、新四军及党的组织在苏北及皖东北目前的总任务，是争取该地区成立党所领导下的抗日反奸的根据地”，发展苏北的战略方针进入实施准备阶段。

1939 年底至次年初，刘少奇在皖东根据地共召开了三次中原局会议，进一步纠正“一切经过统一战线”的错误思想，统一了党员干部的认识，还在军事力量薄弱分散的情况下，多次打退国民党顽固派的反共摩擦，巩固了皖东根据地，为进一步发展苏北作好了准备。

刘少奇提出发展苏北不是凭空想象出来的，是他创造性地运用马克思主义基本原理，深入分析国内形势，结合华中的实际作出的决策。苏北地区具有物资生产较为充裕、河湖纵横便于打游击、群众文化程度和抗日觉悟较高、日军兵力空虚等有利条件。此时国民党顽固派企图控制苏北地区以切断八路军和新四军的联系，因此苏北地区具有重要的战略地位。刘少奇在考虑多方因素后，积极部署创造向东发展苏北的军事条件，他在 1940 年初指挥半塔集保卫战时就将反击战的目标与下一步发展苏北的打算统筹考虑了。1940 年 4 月，中央指示：“凡扬子江以北，淮南路以东，淮河以北，开封以东，陇海路以南，大海以西，统须在一年以内造成民主的抗日根据地。”刘少奇“发展苏北”的战略方针得到了中央的批准。此时，刘少奇非常清楚，发展苏北并非一件容易的事，很多干部包括一些华中和新四军的高级干部对发展苏北还不理解，甚至抵触。除内部因素外，国民党顽固派的反共摩擦不断加剧，其不断加强苏北的军事力量，一定程度上阻碍了我党发展苏北战略的实施。针对这些困难，刘少奇给出了具体的发展步骤和策略，比如请八路军派部队南下支援、江南新四军抽调力量渡江北上、彭雪枫部向苏北挺进等。

在刘少奇的统筹部署下，1940 年 10 月，八路军第五纵队南下占领苏北的盐城，新四军陈毅部队北上抵达东台，两军在盐城和东台之间的白驹镇狮子口桥胜利会师。至此，中国共产党领导的苏北敌后抗日革命根据地连成了一片，八路军、新四军也连成了一片，开辟形成了华中最大的一块抗日根据地。

“发展苏北”战略方针是打开华中局面的关键，为新四军在华中的发展奠定了基础。皖南事变后，新四军军部在苏北得到重建，并且在短时间内发展壮大，与苏北根据地的巩固密不可分。建立和巩固苏北抗日革命根据地也深深影响了抗战胜利后的格局。历史证明，“发展苏北”战略方针是完全正确的，对华中乃至全国革命形势产生了较大影响，毛泽东评价苏北根据地是“整个华中之战略后方”。

朱　德

指导开发南泥湾

抗日战争进入相持阶段后，由于日本侵略者加紧对敌后抗日根据地“扫荡”，加之国民党政府对根据地进行经济封锁，导致各抗日根据地在财政经济上日益困难。面对严峻的局势，毛泽东发出“自己动手”的号召，中国共产党领导抗日军民开始进行生产自救，掀起了大生产运动。

朱德在协助毛泽东指挥各敌后抗日根据地军事斗争的同时，十分关心陕甘宁边区的财政经济工作情况。边区经济困难中最紧迫的是吃饭问题。在这块贫瘠的土地上要养活原有的一百多万老百姓，本来就不宽裕，现在又来了几万干部、学生、军队，都是脱产人员，单靠当地人民来养活是不可能的。

为了解决吃饭这个大问题，朱德提出一个重要主张，就是在不妨碍部队作战和训练的前提下，实行屯田军垦，将部队众多强壮的劳动力，投入生产运动中去。他认为，这样既能减轻人民负担，密切军民关系，又能帮助边区建设、改善部队本身的生活。

朱德提出屯田军垦的主张，是从中国古代屯田历史中得到的启发。早年他在读《三国志》的时候，就非常赞赏曹操“开芍陂屯田”的做法，认为这是解决军队生活必需品的好办法。不过为了解决边区的困难，朱德主张的军垦屯田规模要比曹操当年的屯田大得多，不仅进行农业生产，还准备从事农、林、牧、副、渔以及手工业、商业、运输业的综合开发。为此，需要一大片土地。

为了寻找合适的地方，朱德亲自带领战士们到各地考察。一天，朱德与警卫员在树林、草丛中艰难地探路，走到一处山坡休息时，见不远的地方飘出一缕淡蓝色的炊烟，他一拍大腿站起身：“有人家，走，访访去！”朱德跟小屋的主人唐老汉了解到，这里叫南泥湾，过去曾是人口稠密的富庶地区，因为战争的缘故，人们非死即逃，变成了荆棘遍野、杂草丛生的荒地。于是，朱德请唐老汉当向导，一起勘察南泥湾的山林野谷、沟壑腐潭。

经过勘察，朱德发现这里的土地肥沃，野蒿居然长到一人多高。突然一不小心，朱德被野蒿绊倒，跌入山谷，警卫员好不容易找到他，只见他两手被树枝戳伤，脸也被野蒿划出血痕。唐老汉担心地问：“老乡，怎么样？”朱德一笑：“这一跤可是跌得好哟，你们都来看。”大家顺着朱德手指的方向，看到眼前是一片开阔的谷地。朱德顺手拔起一棵野蒿，野蒿带起的一大坨泥土，黑黝黝的。朱德将土放在鼻子边闻了闻，兴奋地说：“好土，好土，开荒种粮完全可以！”

经过几天的详细勘察，朱德对南泥湾的实际情况了然于胸，决定将屯田的地点就选在南泥湾。回去后，朱德马上找毛泽东汇报了相关情况。毛泽东听完，连声称赞：“这件事你朱老总抓得好，抓得好哇！”朱德提议调第一二〇师三五九旅前往，毛泽东当即表示同意，并补充说：“光有三五九旅不够，我看延安的中央机关、军委机关、学校和留守部队，都要抽人进去，还可以动员逃难到边区的外地农民也进去，在那里开荒种地，安家落户。”

随后，朱德便把开垦南泥湾当作克服经济困难的一项重点工程来抓。1941 年开春后，朱德率领有关负责人和技术干部多人到南泥湾进行实地踏勘，调查山、水、林、路、土质以及农作物生长情况，谋划南泥湾的开发建设。三五九旅开进南泥湾不久，朱德在王震的陪同下特意到南泥湾视察，他深入干部战士之中听取对开发南泥湾的意见，深刻讲述屯田政策的重大意义，要求他们一定要做群众的模范，把生产运动搞好，用自己的双手，做到生产自给，丰衣足食。6 月，朱德专门给三五九旅七一八、七一七团写了一封长信，对南泥湾的全面开发建设作了严格、详细、具体的指导，要求他们在搞好农业生产的同时，建立起畜牧业、运输业、手工业和商业，“建立起永久的基础”。

在朱德的指示下，经过将近两年的辛勤劳动，到 1942 年底，三五九旅全体指战员开垦了 2.5 万多亩荒地，生产自给率达到 61.55%；1943 年，生产自给率达到 100%；到 1944 年，三五九旅共开荒种地 26.1 万亩，收获粮食 3.7 万石，养猪 5624 头，上缴公粮 1 万石，达到了“耕一余一”。广大官兵用自己的双手和汗水，将荒无人烟的南泥湾变成了“平川稻谷香，肥鸭遍池塘，到处是庄稼，遍地是牛羊”的陕北好江南。

邓小平

办经济特区，“杀出一条血路来”

1978年11月至12月，中共中央工作会议召开，邓小平在会上宣布了“一个大政策”。他说：在经济政策上，我认为要允许一部分地区、一部分企业、一部分工人农民，由于辛勤努力成绩大而收入先多一些，生活好起来。一部分人先好起来，就必然产生极大的示范力量，影响左邻右舍，带动其他地区、其他单位的人们向他们学习。这样，就会使整个国民经济不断地波浪式地向前发展，使全国各族人民都能比较快地富裕起来。

这个讲话激励了习仲勋和广东省委的领导同志。1979年4月，中共中央召开经济工作会议期间，广东省委主要负责人习仲勋发言：广东省委提出了一个设想，利用自身优势，先走一步，在沿海划出一些地方单独管理，设置类似海外的出口加工区和贸易合作区，以吸引外商来投资办企业。

上午的会议结束后，时任国务院副总理谷牧向邓小平作了汇报：广东省委提出，要在改革开放中先走一步，划出深圳、珠海、汕头等地，实行特殊的政策措施，取得改革开放、经济发展的经验。邓小平十分赞同这一设想。

那么，被划出来的地方该如何命名呢？下午，邓小平特意约见习仲勋等谈话，他讲道："你们上午那个汇报不错嘛，在你们广东划出一块地方来，也搞一个特区怎么样……"稍稍停顿之后，他的眼睛射出热烈而豪迈的光芒，"对，办特区。可以划出一个地方来，叫特区。陕甘宁就是特区嘛，中央没有钱，可以给些政策，你们自己去搞，杀出一条血路来。"

"特区"二字，一锤定音。邓小平关于兴办特区的倡议，犹如一块巨石击入碧波，迅即引起了积极而强烈的反响。没过多久，中发〔1979〕50号文件——《中共中央、国务院批转广东省委、福建省委关于对外经济活动实行特殊政策和灵活措施的两个报告》出台了，确定了在深圳、珠海、汕头、厦门试办"出口特区"，作为吸引外资的一种特殊方式。并规定"出口特区"是借鉴外国"出口加工区"和"自由贸易区"的模式，以进口原材料制造商品出口为发展方向。1980年3月，中共中央又把"出口特区"定名为"经济特区"。

对兴办经济特区，一些人心存疑虑，多有非议之词。比如称特区是"国际资产阶级的'飞地'""香港市场上'水货'之源”“走私的主要通道”，甚至将其比拟为“旧中国上海的‘租界’”，如此等等。所有这些，给特区创办工作增加了困难，建设发展步履维艰。

在对外开放艰苦行进之时，邓小平同志再次亲自出马。1984年1月22日到2月16日，他先后视察广州、深圳、珠海、厦门和上海。邓小平同志此行，通过对深圳、珠海、厦门三个特区的题词，充分肯定了兴办经济特区的决策和实践，并对其进一步发展提出了明确要求。他回到北京后，明确指出：“我们建立经济特区，实行开放政策，有个指导思想要明确，就是不是收，而是放。”

勇敢而睿智的中国共产党人认定了前进的方向，敢做敢闯，奇迹终于出现了。在来自全国各地的建设大军的艰苦努力下，深圳、珠海这些往日落后的边陲小镇、荒滩渔村，几年间就变成了高楼矗立、初具规模的现代化城市，成为引进外资和先进技术的前沿地区。

陈　云

创造接管大城市的经验

1948 年 9 月 12 日，东北野战军发起了规模空前的辽沈战役，至 11 月 2 日结束，历时 52 天，战役取得伟大胜利，歼敌 47 万余人，东北全境解放。

沈阳是全国闻名的东北最大的城市和工商业中心，沈阳及其周围城市鞍山、本溪、抚顺共同构成当时中国最大的重工业区。接管沈阳，意义重大，影响重大，责任重大，中国共产党以往还没有过这样的经验。完成这项工作，需要大胆探索、勇于创新，做好了将对全国有着重要的示范作用。东北局将主持接管沈阳的重担，压在了陈云的肩上。

陈云深知这项工作的重要性，他说："如果做不好，人家会说解放区不好，民主政府不好。"在动身前往沈阳前，陈云明确了接管沈阳的基本方针，即：所有旧机构先原封不动，不要打乱，暂按原有系统自上而下地接管，绝对不准破坏。这是一个极为重要的方针。随着解放战争在全国范围内胜利发展，以后接管各大城市都实行了这个基本方针，使一切工作得以有条不紊地进行，避免了在过渡期间造成混乱和损失。

10月27日，东北局决定了沈阳特别市军事管制委员会人选，并抽调4000多名新老干部，由陈云率领，接管沈阳及周围几个城市。28日，陈云在哈尔滨以沈阳市军管会主任身份召开赴沈接收工作动员大会，就接管的方针、任务、方式、方法和应注意的事项等作了重要讲话，要求军管人员高度重视，把接管工作做好。他说："前方打了大胜仗，轮到我们去接收，这不是去开玩笑，或者去玩一玩，是担负着很大的担子，因为接收的任务责任重大。如果军队打得好，我们接收得不好，就要记大过一次。"当晚10时至次日凌晨2时，陈云率领接收干部出发。

由于前方军事发展太快，接收准备工作必须争分夺秒进行。军管会在列车上就开始工作。29日，陈云在列车上主持沈阳军管会第一次会议，确定并宣布军管会机构与分工等事宜。31日，陈云在列车上主持军管会第二次会议，宣布接管方针、方法后，又讲了注意事项和接收沈阳的意义。11月2日凌晨，陈云及军管会部分接收人员抵达沈阳近郊。3日，陈云率军管会干部开始了沈阳的全面接收工作。

如何接收？陈云确定了"各按系统，自上而下，原封不动，先接后分”的接收方法。

“各按系统”是：军管会除市委外，下辖经济、财政、后勤、铁道、政务等五个处，以及市政府、公安局、办公室、卫戍司令部等单位，进行接收。

“自上而下”是：入城后即布告通知原有机关主管人负责办理移交手续；如第一级负责人不在，即由第二级或第三级办理。同时，从原有内线和下面群众中了解情况。

“原封不动”是：旧职员均按原职上班，工厂企业等只派去军事代表，政权部门只撤换头子。对职员、工人一律发生活维持费，等于四十斤粮，有些高级职员则不发；接收步骤，第一步是资产档案，第二步是整理人员。

“先接后分”是：各部门只有接收权，无占有权、支配权，资产档案一律不准搬走。各部门不对原来上级负责，只对军管会负责。权力集中在军管会，无条件服从，待全部接收完毕后，再统一分配工厂、房子等。接收证件统一由军管会发，由专人负责审查盖章，无证件即不准接收。

在入城之前，军管会连续广播接收政策、办法。陈云率领军管会，按军、政、市、财、经、公安、铁路、后勤八大系统分头接收；自上而下，按系统找原有各级负责人，正式具报清册，同时派人视察；原有职工一律上班，重要部门派军事代表。接收工作按照原定接收方法有条不紊地进行。

为了迅速恢复秩序，做到比较稳当而不出现大的波动，陈云在接收工作中着重抓了五个问题：第一，恢复电力供应；第二，迅速解决金融、物价问题；第三，收缴旧警察枪支，让他们徒手服务；第四，利用报纸传布政策，稳定人心；第五，妥善解决工资问题。

陈云在领导接收沈阳过程中，应对复杂情况，克服各种困难，勇于开拓，进行了创新性的工作，保证了沈阳快速有序的接收，创造了宝贵的经验。11 月 28 日，陈云向东北局并转中共中央作了报告，总结了接收沈阳的经验。毛泽东、朱德、周恩来、任弼时等圈阅，称赞“报告甚好”，并在 12 月 14 日以中共中央名义批转各中央局、各前委学习。

任弼时

创造性开展共青团工作

1924年8月，任弼时结束莫斯科东方大学的学习生活，回国到达上海，先是被组织安排在上海大学任教，后被任命为共青团江浙皖区委委员。从此，任弼时开始从事团的工作。

任弼时刚开始在青年团中承担的工作，是为团的机关刊物撰写文章，宣传团的政策主张，扩大团的影响力。当时，团中央办有三个刊物:《中国青年》《平民之友》《团刊》。为了办好这三个刊物，加强写作力量，团中央决定在宣传委员会之下设立编辑部，指定任弼时等为编辑员，负责向三个刊物供稿。不久，又决定由任弼时担任团中央的俄文翻译。在上海成都路福康里的一个小小的亭子间里，任弼时夜以继日地为刊物写稿。

这时，关于社会主义青年团的建设问题，迎来了一场方针性的争论，即中国是否应当建立民族革命群众青年团？对此，早在莫斯科时即持否定意见的任弼时在《团刊》上撰文系统地阐明反对的观点。他认为，这种组织在尚未建立民族革命政党，群众也没有团结起来的国家是需要的。但是，中国已有在中国共产党领导下成立了4年之久的社会主义青年团，完全可以成为民族革命斗争的中坚力量之一，绝对不能有新的且独立而带有政党性的青年组织实现的必要。中国的社会现状决定了如果另建一个组织上完全独立的、政治上有“独立自主的权柄”的“独立的青年政党”，发展的结果，将会因为成分复杂、政见不一，而成为一种反革命组织。他的这一认识与主张，不但在当时统一了团的认识，而且为团今后的发展打下了坚实的基础。

随后，任弼时又针对时政及团的发展、建设等问题，先后撰写了《马克思主义概略》《列宁主义的要义》《“社会主义青年团”是什么？》《苏俄与青年》《列宁与十月革命》《苏俄经济政治状况》等多篇理论文章。据统计，自1924年到1927年，任弼时先后在党团刊物上发表文章15篇，向青年介绍马列主义、苏俄革命及青年团理论，传播革命真理。

1925年1月，在团的三大上，“中国社会主义青年团”改名为“中国共产主义青年团”，任弼时被选为团中央执行委员。随后在团的三届一次会议上与张太雷等五人组成中央局，任弼时任组织部主任。5月初，因团中央总书记张太雷被派去做鲍罗廷的翻译，中共中央和共青团中央联席会议决定，由团中央学生部主任林育南为总书记，在林未到职前，暂由任弼时代理。7月21日，共青团中央局会议决定由任弼时担任团中央总书记兼组织部主任。任弼时开始领导共青团工作。

团的三大后，任弼时在《中学校刊》上发表《怎样布尔什维克化》一文，对团的建设中的组织路线、思想路线和斗争策略作了系统的阐述。他写道："真正布尔什维克化的精神是：一要使团体能群众化，二要使团员正确明白主义且不忘其为群众的领导者，三要能按实际情形而运用经验与理论。"

五卅运动爆发后，任弼时立即召开团中央会议，按照中共中央的指示，决定发动各阶层人民组织反帝统一战线，号召上海人民和青年进行罢工、罢课、罢市。6月2日，任弼时签发团中央52号通告，要把"此次反帝运动尽量扩大到全国"，号召全国各地团组织全力以赴，投入反帝斗争浪潮中，进行殊死的搏斗。6月13日，团中央发表《告全世界青年工人书》和《告全国工人书》。与此同时，任弼时又在《中国青年》第八十一期上发表《上海五卅惨杀及中国青年的责任》的署名文章，系统地揭露帝国主义的暴行，阐明五卅运动的性质、斗争政策、前途和对青年的希望。6月26日至7月7日，任弼时和恽代英一起指导在上海召开的全国学生总会第七次代表大会，作出关于"建立学生军""知识青年到工农中，援助工农，向工农学习"等问题的决议。6月12日，任弼时签发团中央55号通告，要求凡是没有团员的学校、工厂，应借此次运动的机会在青年群众中发展团员，“散播我们的种子”。任弼时主持发布的团中央62号通告中指出，“我们吸收新同学之条件不要太严。对于工人，更绝对不可以明白马克思主义为介绍入校之标准，只要他是诚实勇敢，能活动而服从纪律者即可。就是对于学生，亦应较前从宽”，但是对于新团员“则须进行特别训练的工作”。

从6月到10月，任弼时或单独或与团中央部门负责同志联合，平均每四五天向全团签发通告一次，及时正确地指导全国青年参加斗争。在五卅运动中，他始终站在斗争阵地的最前沿，领导广大青年群众勇敢前进，对中国人民伟大的反帝斗争和革命青年运动，作出了很重要的贡献。

经过五卅运动，全国团员人数由1925年1月团三大时的2400多人发展到9月的9000多人，增加了2.7倍，其中工人成分由原来不到10%增加到38%。同时，共青团向中国共产党输送了大批新生力量，有3000多名团员直接转入党组织。上海1200名团员中有980人是青年工人。共青团已经成为团结广大青年为无产阶级革命事业奋斗的核心力量。

在1926年11月至12月召开的青年共产国际执委会第六次扩大会议上，中国共产主义青年团被认为是青年共产国际的一个最有力的支部。这是对任弼时领导的中国青年工作的充分肯定。

心系群众　一心为民

毛泽东

解决群众吃水问题

沙洲坝，是中华苏维埃共和国临时中央政府所在地之一，位于瑞金城西五六里地。由于自然条件限制，这里干旱少雨，作物单一，水土流失严重，四处都是光秃秃的山峦和被风蚀的红土壤，村后侧唯一的一条“旱河子”主宰着这里的一切，老百姓只能喝又脏又臭的塘水，种些红薯、葛根之类的作物，生活十分艰苦贫困。当地流传的一首歌谣反映了沙洲坝人的窘境:“有女莫嫁沙洲坝，天旱无水洗头帕。”

1933 年 4 月，原驻在叶坪的中华苏维埃共和国临时中央政府搬迁到沙洲坝。

搬到沙洲坝后，毛泽东住进了沙洲坝元太屋。有一天，趁警务人员收拾房间、打扫院落之时，他信步来到村前的池塘边，看见两位农民正在挑塘水，就问:“老表，挑水浇地吧？”

“红军大哥，还浇地呢，吃水都成问题。”挑水的两位农民对岸上站着的毛泽东说，因不知他是何人，只好以红军大哥相称。

“难道这水用来煮饭？”毛泽东问。

“红军大哥，你有所不知，我们这里是有名的干旱之地，村里唯一吃水的旱河子，早没水了，我们只好挑塘水吃。”农民说道。

“报告毛主席，新茶亭的几位老表患上了急性肠炎。”一位红军战士急急地朝毛泽东敬礼后，汇报了红军刚进村碰上的问题。毛泽东一来沙洲坝就告诉身边的工作人员，到了一个新的地方，必须及时走访当地群众，熟悉民情，了解民意，为人民群众排忧解难，融洽军政、军民之间的感情。

“原因查清楚了吗？赶紧叫医务人员送药过去。”毛泽东吩咐道。汇报的红军战士把“是”字甩在身后，急忙赶去。两位挑水的农民此时才省悟过来：“您是毛主席！”惊喜之情，溢于言表。

当晚，毛泽东就召开了紧急会议。会上，他听取了各个部门来到沙洲坝后的情况汇报。主要有以下几条：一是当地旱情严重，春播作物难以及时播种；二是由于久旱，群众吃水成大问题；三是卫生条件太差，由于饮用村前塘水导致肠炎滋生。

为应对当前的困难，毛泽东当即作出指示：“明天开始各个部门必须马上行动起来，打一场解决群众生产生活困难，维护自身健康的人民战争。”

4月的清晨，晓岚萦绕，中央政府总务厅几十名工作人员，在秘书长谢觉哉的指挥下，像变戏法一样，在沙洲坝村后山深处架起了毛竹引水管。但是，泉水也有干涸的时候，正当沙洲坝的群众为能饮到山泉水而欣喜之时，日理万机的毛泽东，看到了问题另一面。他从谢觉哉口中得知，沙洲坝群众曾动过挖井解旱的念头，但又怕会破了村中龙脉坏了风水，左右为难之下，老百姓只好忍渴度日。

来到沙洲坝一个星期，毛泽东忙完手中的紧要工作，就将谢觉哉和村中几位老人请到自己的住处，提出了打井的设想。他向几位老人解释道：“群众的担心，我是理解的，老表们都希望借风水地理龙脉这类来保护一方平安和过上好日子，这是几千年来老百姓形成的观念，不怪你们，但问题是当神和风水都保护不了我们的时候，就得靠我们自己。现在，沙洲坝的群众连用水的问题都解决不了，神又何来保护群众咯……”毛泽东的话说得在场的人无不点头称是，大家都表示说：“毛主席，我们听您的。”毛泽东站起来，握着老人的手说：“好哇，有你们的支持，我就放心喽！”

第二天，毛泽东亲自带着警卫战士和聚集过来的群众，在村前的池塘边上，挖下了第一锄。在他的带领下，红军战士和群众干劲十足，经过三天的奋战，一个像模像样的“井”的形状出来了，泉水也冒了出来。随后，他又指挥大家用青砖和石块砌底、围井沿，用细沙、木炭铺井底，以净化水质。完工后，刚开始有些浑浊的泉水，经过过滤后变得清澈甘甜。此时，井边响起鞭炮声，老百姓自发地放爆竹以示庆贺。从此，沙洲坝的群众喝上了干干净净的井水，告别了因饮用脏水带来的疾病之苦。

后来，沙洲坝人民将这口井取名为“红井”，同时在井旁立了一块碑，刻上“吃水不忘挖井人，时刻想念毛主席”14个赤金大字，以此表达对毛泽东和共产党的无限崇敬之情。

干得不好，老百姓可以骂我们

毛泽东说过：一切干部，不论职务高低，都是人民的勤务员，所做的一切都是为人民服务。人民是主人。老百姓可以骂我们，我们却不应该骂他们。这里透露出一个重要信息，在毛泽东看来，一切党员干部都是人民群众的公仆，应该摆好位置，放下身段，全心全意为人民服务。他是这么说的，也是这么做的。

1941年夏季的一天，陕甘宁边区政府召开县长联席会议，讨论征粮问题。不巧下起了雷雨，会议室遭到雷击，延川县县长李彩云被雷电击死。事后，一位本来就对边区政府征粮工作有很大意见的农民口无遮拦地当众大骂“世道不好”“共产党黑暗”等。保卫部门闻讯把他抓了起来，要当作反革命进行处理。

毛泽东得知后，对保卫部门的人说：“你们不能这样做嘛！……如果不作调查，就随随便便抓人、杀人，这是国民党的黑暗做法！就这些而论，人家骂得就有道理呀！”随后，他急忙要求保卫部门放人。

当天晚上，毛泽东的心情仍难以平静。从群众的怨声载道中，他开始深刻反思，并举一反三，下决心与中共中央、中央军委和陕甘宁边区政府的领导同志一道，采取一系列措施改进工作。例如，通过深入调查发现，“确实公粮太多”“加重了人民的负担”。在 1941 年 11 月召开的陕甘宁边区参议会上，开明绅士李鼎铭等提案建议“政府应彻底计划经济，实行精兵简政主义，避免入不敷出、经济紊乱之现象”，并提出了具体实施办法。此后，陕甘宁边区带头行动，先后进行了三次精简，从根本上解决了“鱼大水小”的矛盾，减轻了当地人民的负担，提高了政府工作人员的素质和工作效率。

1948 年 5 月，中共中央从延安迁到西柏坡后，毛泽东的工作任务极为繁重。但是工作之余，他关心最多的还是西柏坡老乡的生活情况。在毛泽东居住的农家小院里，警卫战士为使院落整洁，要把老乡留下的鸡窝和猪圈拆除，毛泽东制止了，说将来我们走了，老乡们还要用的。

偶尔闲暇之余，毛泽东还时常到村外的田边散步，一边查看庄稼的长势，一边询问老乡收成如何、能不能吃饱等问题，对西柏坡的老百姓十分关心。

1948 年秋，毛泽东有一天在中共中央办公厅主任杨尚昆、机要室主任叶子龙和警卫排长阎长林的陪同下走到村外散步。村外田地里，花生、玉米等作物长势很好，只有稻田里的秧苗显得很细弱。这一现象引起了毛泽东的注意，他用浓重的湖南口音向一位正在稻田里拔草的农民了解情况："你们这里种稻子不是插秧吗？"一边说一边做了个插秧的动作。这位农民解释说："不是，俺们这里没有栽过稻子，都是直接往地里种。"毛泽东又问："一亩地能打多少啊？""好年成顶多打两石，平常年景也就打一石五六。"农民回答。毛泽东说："这么好的地打这么点稻子，产量太低了。我的家乡也种水稻，一亩地能产七八百斤，我们那里不是直接播种，都是先育苗后插秧，稻子长出来后，又粗又壮，一亩地能打七八百斤呢！不信，你明年试一试。"因为毛泽东湖南口音较重，那位农民听得似懂非懂，站在旁边的杨尚昆，又把毛泽东的话给他"翻译"了一遍。这位农民叫阎志亭，当他事后得知教他种稻子的人就是毛泽东时，激动地把这件事讲给了村里的乡亲们，这件事就流传开来。

正是由于心系群众，所以在西柏坡，毛泽东和中央机关人员能和当地百姓打成一片，建立深厚感情。西柏坡的乡亲们对毛泽东和中央机关的人员也亲如一家。

当年，西柏坡的一位农民留下了这样一段话：“毛主席在俺村，中央机关的同志们热情地为俺贫下中农做好事。管理员一看见老百姓推碾、扬场，就牵着机关的牲口来帮忙。老百姓收庄稼，毛主席号召帮助群众，抢秋夺夏，夏天帮助割麦，秋天帮助收稻。有担的，有背的，往老百姓的场上送，干得可欢了。”这些朴实话语，道出了农民群众对毛泽东的怀念与感激之情。

周恩来

我也是为人民服务的

1966年3月，河北邢台连续发生两次大地震。这是新中国成立后发生在我国人口稠密地区、造成严重破坏和人员伤亡的第一次大地震，共有8064人丧生、3.8万余人受伤，受灾面积达2.3万平方千米。

3月8日，第一次地震发生。面对严重的灾情，周恩来心急如焚，在地震发生的次日，就匆忙乘直升机飞赴灾区视察。

经过长时间的颠簸，飞机来到了灾情最严重的隆尧县上空。机组人员为了让周恩来从空中观察了解灾区的全貌，就在空中左右盘旋。这时周恩来焦急地说道："下面灾情这么严重，你们是不了解我的心情啊！我现在最急切的是想看看灾区的群众。"

飞机终于在大风中降落了。周恩来一下飞机就去看望受灾群众。他眼含热泪、心情沉重地对大家说:“你们受苦了,毛主席和党中央派我来看望你们!”

来不及休息,周恩来就来到了隆尧县抗震救灾指挥部了解灾情、部署工作。突然间,房屋开始剧烈摇晃,墙皮和泥土纷纷落下,灾区又发生了五级的余震!工作人员赶紧来到周恩来身边,急切地说:“总理,这里危险,您先离开这里去安全一点的地方吧。”等到房子不再摇晃,周恩来看了一下墙壁,轻声说道:“现在没什么了,我们继续吧。”

就在这墙壁震裂了的房间内,周恩来一直工作到凌晨两点。

第二天下午,他又匆忙赶往受灾最严重的白家寨考察灾情、看望群众。

受灾群众看到周总理,心情都很激动,陆续赶到他的身边,很快就把他围了起来。为了让大家听清楚自己的话,周恩来站在一个木箱上,用嘶哑的声音鼓励大家团结起来、战胜灾难。当看到老百姓是迎风而坐时,周恩来立即喊口令,让大家齐声转过来,自己则迎着风向老百姓讲话。最后,他呼吁大家:“自力更生,奋发图强,发展生产,重建家园!”

随后,他挨家挨户慰问。冒着余震的危险,在断壁残垣中,一个窝棚一个窝棚地查看情况,看望受灾群众。在一间只剩下一堆废墟的房子面前,周恩来看到了一个浑身沾满灰尘的小女孩。他心疼地抱起小女孩,转身对当地的干部说道:“孩子是革命的接班人，要很好地照顾。一定要带好娃娃！”

就在第一次地震发生后不久，3 月 22 日，邢台地区又发生了一次级别更高的地震。得知消息的周恩来，再次赶到灾区慰问。

在六七级大风刮起的滚滚黄尘中，周恩来来到了受灾严重的东汪村。这里设置了一所临时医院，里面收治了在地震中受伤的 140 多名群众。周恩来首先来到临时医院，走到每一个铺位前，一次又一次俯下身子，向躺在地铺上的伤病员问候，和他们亲切握手，大家眼里噙满了激动的泪水。周恩来走到骨盆严重骨折的老贫农贺全胜身边，蹲下来，紧紧握着他的手，撩起褥子，看看铺得厚实不厚实；轻轻掀起被子，仔细观察伤情。贺全胜流着热泪，激动地说：“总理呀，解放军把我救出来了，您整天为我们操劳国家大事，工作那么忙，还亲自来看我们，这可叫我们怎么报答您的恩情！”周恩来听后亲切地说：“为人民服务应该，解放军是为人民服务，我也是为人民服务的。”

随后，他又风尘仆仆地赶往另一个受灾严重的村子——何家寨调研灾情。村民们看到周恩来远道而来，激动地说：“俺们受了灾，把您老人家惊动来了。”周恩来回答说：“为人民服务嘛，应该。”在慰问座谈时，他向大家讲话，鼓励大家自力更生，重建家园。

从早晨五点到晚上九点，他忙得一口饭也没吃；口渴了，就端起粗瓷大碗喝几口水。当大家劝他吃点饭时，他总是说：“不忙，不忙。”并叮嘱身边的同志说：“群众受了灾，已经很困难，不要再给他们添麻烦。”晚上，周恩来来到了一座军营。大家看到他劳累了一天也没吃饭，憔悴不堪，都很心疼，就劝他到城里去用饭。他却回答说：“不必了，到营房与战士一起吃就行了嘛！”然后他和战士们一同吃了家常烙饼和炒白菜。

刘少奇

心中装着老百姓的“小日子”

“我们在党的领导下，都要好好地为人民服务。你淘大粪是人民勤务员，我当主席也是人民勤务员。这只是革命分工不同，都是革命事业中不可缺少的一部分。”这是刘少奇和全国劳模、淘粪工人时传祥的谈话。他与人民群众打成一片，把毕生心血都奉献给了党和人民。

从1959年至1961年，我国发生全国性的粮食短缺和饥荒，历史上称之为“三年困难时期”。那一时期，人民群众的生产生活遭受严重困难，刘少奇心情十分沉重。1960年，刘少奇多次深入农村开展调查研究，摸清了国内严重的形势。从该年下半年开始，毛泽东、刘少奇等中央领导同志开始对国民经济进行调整。1961年5月，中央工作会议上，刘少奇代表中共中央对失误（主要指三年困难时期）承担了领导责任，要求全党本着实事求是的精神，“下一个很大的决心”开展国民经济调整。他在会上说道：“总结经验，我看是到时候了，再不能继续这样搞下去了。”他和中央其他领导人对《农村人民公社工作条例（草案）》提出了重要修改，形成了修正草案。如把原草案中“在一切有条件的地方，生产队应该积极办好公共食堂”，改为“生产队办不办食堂，完全由社员讨论决定”“社员的口粮，不论办不办食堂，都应该分配到户，由社员自己支配”。这些修改都是在实地调查的基础上作出的，是符合当时农村实际情况和绝大多数农民意愿的。

刘少奇的心里不仅装着国家大事，也装着普通老百姓的“小日子”。1957 年，刘少奇就职工住房问题作了专门调查。他在河北、河南、湖南调研时发现普遍存在国营单位每年要花费很多钱盖职工宿舍，却因国家规定的房租低收不回投资，而成为沉重负担的问题，对此十分忧虑。在郴州视察时，刘少奇结束一天的行程已经是晚上 10 点，他顾不上休息，找来三三一厂厂长询问具体情况，了解到厂里的住房保障基建进度跟不上职工家属人口增长速度的实际情况。他指出，我们国家底子薄，人口多，基建投资大，职工住房问题，国家只能有计划有步骤地加以解决。他认为，职工宿舍还是应该由工厂解决，家属宿舍工厂不能再盖了。青年人要结婚都要参加房屋合作社，自己盖房子，单位给予补助。工人自己盖的房子，一辈子不用出房租，房子属于自己所有，将来如果调动的话，还可以出卖、出典、出租，本钱可以捞回来。刘少奇还建议建立严格的宿舍管理制度和合理的分房标准。三三一厂在刘少奇的指导下，经过努力终于自主建成一批职工宿舍，职工住房问题得到有效缓解，还建立了更加科学的管理制度，得到干部职工的拥护。该厂的试点经验受到毛泽东等中央领导同志的肯定，《人民日报》对此作了专题报道，发表了题为《一个解决职工宿舍问题的好办法》的社论。

早在革命年代，刘少奇就是这样与革命群众打成一片、关心鼓励群众。1940年五六月间，刘少奇来到皖东北革命根据地，一面等候南下的八路军，一面指导根据地工作。6月初的一天，刘少奇在根据地召开减租减息座谈会，负责根据地孙园乡减租减息工作的许爱民也参加了会议。许爱民是被当地地主恶霸欺压逃荒到此落户的苦出身，这年年初就领导贫苦农民进行减租减息斗争。会议当天，她不顾大雨滂沱、道路泥泞，按时到会。当主持会议的刘少奇看到时年47岁的满头银发的许爱民时，既感动又钦佩，在会上特地表扬了她，亲切地称呼她为“杜大娘”（许爱民的婆家姓杜）。从此，“杜大娘”这个称呼就在根据地和群众中喊开了。许爱民深受鼓舞，革命劲头更足了，此后组织和领导农救会、妇救会，送子上前线，成为皖东北地区革命妇女中的杰出代表。1958年9月，时任中共中央副主席的刘少奇到苏北视察工作，在十分繁忙的情况下，仍没有忘记这位革命的老大娘，专门接见了“杜大娘”，共话当年的战斗生活和革命情谊。

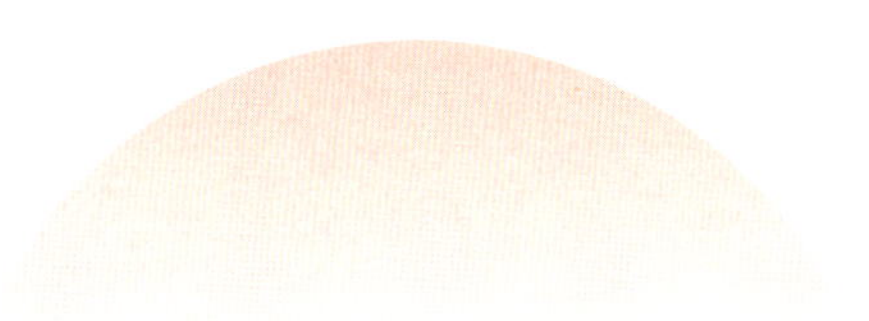

朱　德

挑水的“老伙夫”

1929年，朱德与毛泽东一起离开井冈山，进入赣南、闽西等地，开展武装斗争、发动土地革命，扩大红军力量。在艰苦的战争环境中，朱德仍然心系当地群众，留下了许多爱护人民的故事。

1929年的秋天，红军在漳平打了一个大胜仗，缴获了敌人不少物资。战斗结束之后，战士们领到了一点点零用钱。警卫员看到朱德的斗笠破得都遮不住雨了，便说：“首长，买顶新的去吧。”朱德拿起斗笠看了看，确实到了该换的时候了，就回答说：“那好吧，咱们上街去买顶新的。”

来到街上的斗笠摊前，正在挑选斗笠的时候，朱德忽听背后有个女声在喊：“卖米果哟！卖米果哟……”回头一看，迎面走来一个面容憔悴的中年妇女，手里提着一个竹篮，里面装着一些米果在叫卖。她的身旁，跟着一个光着身子的小男孩，瘦骨嶙峋的。朱德急忙转身走过去，爱怜地抚摸着孩子的小脑瓜，关切地对那个中年妇女说："阿嫂哇，现在天气这么凉，小孩子不穿衣服，可要当心着凉啊！"那个妇女感激地点了点头，又叹口气说："唉，有什么法子呢。我们家孩子多，负担重，他爸爸又有病，就靠做这点小买卖糊口啊，哪还有钱给孩子做衣服！"

朱德听了，心里一沉："群众的生活实在太苦了，这孩子也太可怜了！"然后他迅速转身对警卫员说道："咱们不买斗笠了，还是先凑合着戴旧的吧。你把钱给这位大嫂，让她扯点布，给孩子做件衣服吧。"见警卫员没动，朱德接着说："别愣着了，快把钱送过去。咱们挨点淋没关系，可千万别让孩子冻着了！"

警卫员明白过来，赶紧把钱塞到那个妇女手中，说："大嫂，这是我们朱军长送给孩子买衣服的。"说完，挥了挥手就跑开了。那个妇女一时无语，感动地流下了眼泪。

入冬后，朱德带领一部分红军来到一个叫古城的地方。一天夜里，他穿着和战士们一样的灰色旧棉袄、旧草鞋，和警卫员来到了村子里的一栋矮屋。屋子里面住着一位白发苍苍的聋婆婆和她的小孙女，当时二人正坐在一个火盆旁边烤火。聋婆婆看见红军进来，便像见了亲人一样，招呼他们坐下烤火。朱德坐下后，和聋婆婆打着手势交谈起来。

过了一会儿，朱德走进厨房，看见锅灶冷冰冰的，两个破瓦缸里一点水也没有。于是，他挑起水桶，打开后门，悄悄地到小溪边挑了两担水倒进瓦缸里。然后，便跟聋婆婆告别了。

朱德走后，聋婆婆要去做饭。她来到厨房，看到水缸、水桶里面都装满了水，盆盆罐罐也收拾得井井有条，知道是刚才来的红军帮忙，心里既感激又高兴。她想了一下，然后回到自己的屋子里，取了几个自家母鸡下的鸡蛋，带着小孙女，向红军驻地走去。

来到红军驻地后，她正好碰到了一名炊事员，忙问："小同志，你们那个'老伙夫'在这里吗？"小炊事员听了，沉思了一会儿说："我们这里都是年轻小伙子，哪里有什么'老伙夫'？"他见聋婆婆听不清，又打了一番手势。聋婆婆焦急地看了看屋里的人，确实没有那个到她家去的人。

这时，朱德的警卫员刚好出来打水，机灵的小孙女看见了，高兴地大声喊道："奶奶，那个帮我们挑水的'老伙夫'就是跟这个叔叔一块来的。"说完，扯住警卫员的衣袖，说："叔叔！您带我去找帮我家挑水的伯伯。"恰好朱德也走了过来。小孙女一个箭步扑了过去，高兴地喊了一声："伯伯！"聋婆婆回头一看，正是自己要找的"老伙夫"，便连忙把鸡蛋塞到他手里，说："同志，山沟里也没有什么好吃的，几个蛋，请收下吧！"朱德关切地在她耳边大声说："老婆婆，我吃过了，您老人家自己留着吃吧！"说着把鸡蛋放在聋婆婆的手上，笑着走了。聋婆婆转头对小炊事员说:“你们这个‘老伙夫’真客气，看不起我这老婆子……”还没等她说完，小炊事员就笑着说:“‘老伙夫’？他是我们的朱军长啊！”

聋婆婆得知帮她挑水的是朱德后，又惊又喜，心里久久不能平静，自言自语道:“难怪他这样爱护穷人！”

邓小平

时时留心群众利益

1947 年 8 月，刘伯承、邓小平率领部队千里跃进大别山，揭开了中国人民解放军战略进攻的序幕。挺进大别山后，经过一个多月的紧张战斗，刘邓大军基本扎下根来。但是，随着国民党部队的增援和封锁“围剿”，后勤物资的供给更加困难。加上当地国民党反动派对大别山人民进行残酷镇压，使他们不敢公开接触解放军，有些地方的群众甚至受到敌人的恐吓，跑进山里躲了起来。这导致部队从当地获取补给的渠道受到很大影响，官兵们的生活很是艰苦。

为了克服困难，刘伯承和邓小平特别强调群众纪律，要求广大官兵以自己的实际行动来赢得群众的支持和拥护。邓小平还时常亲自去检查，发现违纪行为便严肃处理。一次，他又去巡查。当时正值寒冬，但是部队缺乏棉衣，邓小平和广大战士一样，只能穿着单衣，难以抵抗寒冷，冻得脸都红了。旁边的同志赶快吩咐警卫员，去找点稻草生火，让首长们烤烤手，暖和暖和。邓小平知道后，严肃地说：“不用烤火。大家都过得去，我们怕什么？要知道，群众的一根草也是来之不易呀！”

还有一次，为了解决广大官兵的过冬棉衣问题，各部队在紧张的战斗间隙，专门抽人发动群众，筹集资金，征购布匹棉花，生产御寒衣被。因为任务紧急，结果在征购布匹棉花的过程中出现了向群众强征强购的现象，导致有的集镇棉布制品被抢购一空，直接影响了群众的生活。邓小平及时发现了这个问题，并对相关人员进行了严肃的批评，指出：“这种不讲政策、违犯纪律的做法，严重地损害了我党我军的声誉，破坏了我党我军与人民群众的关系，……是自己封锁自己，自己孤立自己。”他明确要求：立即纠正，妥善做好善后工作。

随着时间推移，刘邓大军在极其艰苦的情况下，迎来了1948年的春节。大家在艰苦的日子里度过了将近半年的时间，此时都想借春节改善一下生活，做一顿“大餐”。有的人去池塘抓鱼，有的到河里摸虾，有的上山打柴，有的去挖野菜，好不热闹。

但是，他们立刻就遇到了问题。尤其是到池塘抓鱼的同志，手里没有渔具，怎么能抓到鱼？大家你一言我一语，想出来的对策都没法实施，只能围着池塘干着急。这时，突然有个战士高兴地叫了一声：“有办法了！我们为什么不把池塘的水放掉呢？”大家听后纷纷表示这是一个好主意。很快，大家一起把池塘挖开一个口子，把水放干了。这时，再下去抓鱼就容易多了。大家高兴地齐上手，一会儿就抓到了几百斤鱼。这对生活困难的部队来说，确实是个大收获了。

战士们高兴的呼喊声，吸引了正在巡查的邓小平。他看到这个场景，脸色一沉，严肃地说道：“池塘的水是群众备旱用的，你们为了捉鱼却把水放干了，这不是‘竭泽而渔’吗？贪图了眼前，而损害了群众的利益。”听到邓小平的一席话，大家才惊觉考虑不周，后悔莫及。可是池塘里的水都放没了，覆水难收啊！战士们只好向群众道歉并赔偿损失。

事后，邓小平亲自起草了通知，要求全体指战员时时、处处留心群众利益。

除夕当天，邓小平带领战士来到金寨县委旁边的一个无人的小村庄驻扎下来。县委书记知道后，便带着花生、羊肉和一只鸡来慰问大家。

看到东西后，邓小平皱着眉头说：“哪里来的这些东西？”县委书记忙回答道：“今天是除夕，这是群众慰问大家的。”邓小平稍微舒展了一下面容说：“群众生活得够苦的了，还是把东西退还给他们吧。”

听到这里，在场的有些同志着急了，说道：“这个小村子都没人了，生活必需品我们也买不到，要不把东西留下，我们作价给群众吧。”邓小平坚定地说：“不行，正是因为物资缺乏，群众才比我们更需要它们，要全部退还回去，不能留下。”

看到邓小平坚决的态度，县委书记只好把东西又原封不动地带了回去。

这时，邓小平的警卫员委屈地说道：“不拿群众的东西，买总行了吧。不留下东西，看我们除夕吃什么。”邓小平笑着对他说：“哪有用钱买慰问品的事情？咱们不是还有麦饼和枣子吗？”

就这样，邓小平带着大家围在火堆旁，吃着又冷又硬的饼子，度过了除夕夜。

陈　云

经济工作应该“首先考虑民生”

20 世纪七八十年代，冬储大白菜是民生大事，居民需要到商店凭票、排队把大白菜一次性地买回家储存。但因为菜量巨大，商业部门多将其堆放在露天环境中，若供应慢或居民购买不及时，很容易发生烂菜问题。陈云将北京市民冬季最关心的大白菜视为“政治菜”。1979 年生病住院期间，他仍不忘人民的冬储大白菜问题，当他从收音机里听到将有雨雪天气时，急切询问身边的工作人员：“你们看见菜市场和大街上的人们，买过冬的大白菜了吗？要降温了，菜农应该抓紧抢收才是，免得遭受损失。冬天人们不能没有菜吃。”听到“现在机关食堂和市民们正在选购大白菜准备贮存”的回答后，他才放了心。经过陈云的多次关心、过问，从 1980 年开始，为顺利做好冬储白菜工作，北京市委、市政府实行统购包销、计划管理政策，召开秋菜供应、贮存工作动员大会，并成立秋菜指挥部，统筹领导，在尽可能短的时间内完成几亿公斤大白菜的砍收、运输、销售和存储。

1982年和1983年，陈云连续对北京、天津的大白菜冬储供应工作作出重要指示，督促地方政府切实做好冬储白菜的生产、流通、消费工作。1982年10月，陈云对身边的工作人员说:“往年这个时候，北京、天津常发生冬储菜烂菜的现象，今年要早抓，要赶在寒流到来之前把菜卖到老百姓手里，卖不掉的要采取措施保温。菜烂不烂，关键就是几个小时。”他在写给中央有关领导同志的信中，强调指出:“霜降已过，十一月八日‘立冬’，今年必须避免烂菜。因此，生产、流通、消费这三个环节必须立即组织好。”“大白菜是北京市民当家菜类，因此必须安排在前。”经过陈云的过问和指示，地方政府在生产、流通、消费环节的畅通上下大力气，避免了烂菜问题，这一年冬储白菜供应工作呈现“好中求快”的特点。

1983年的大白菜冬储供应工作又遇到了新的问题：由于天气较暖，以及越来越多的居民搬入楼房后存菜空间不足，居民购买大白菜的积极性不高，购买数量较少，市场存菜量较大，大白菜的销售工作举步维艰。针对这一问题，陈云再次作出指示:“今年北京市冬贮大白菜的供应工作比往年好，但听说买的人少。要想点办法，尽可能多卖一些，不要让大白菜冻在街上。”为落实这一指示，地方政府充分动员机关、厂矿及居民多存菜、快存菜、存好菜，加快大白菜的销售进度。1983年大白菜冬储供应工作结束后，陈云针对城市居民存菜条件不足以购买足够多的大白菜这一问题，在北京市委、市政府呈上的报告中批示：城市居民贮藏有困难，但春节后吃不到便宜的大白菜又有意见。这件事要由北京市委拟出一个妥善可行的办法才好，因为这是一个长期存在的问题。之后，他又针对这一问题作出具体指示：适当减少郊区的大白菜生产，在远郊如河北省邻县产菜区相应多定购一些，并组织好就地贮存，以备后期上市。经过陈云的决策和部署，大白菜冬储供应工作得以顺利开展。

陈云指出，经济工作“应该首先考虑民生”。他说：“如果我们不能解决人民的吃饭穿衣问题，我们的社会主义建设事业便站不稳。”他强调“一要吃饭，二要建设”，人民群众的点滴小事，在他看来都是大事。

任弼时

农民的贴心人

1940 年，任弼时回到延安，担任中共中央秘书长。他时刻关心群众的疾苦，不管工作多忙，总要抽出时间深入农民家庭，嘘寒问暖，帮助解决困难。

一天，任弼时外出回来的路上，遇见一些农民背着锄头，提着茶水罐，三三两两地回家。“大家忙呵！”他下马招呼道。“不忙，不忙。”农民们热情地回答着。由于任弼时曾跟毛泽东、周恩来去给大家拜过年，和大家同桌喝过酒，所以很多农民认得他。“怎么这时候才回家？”任弼时问。“没办法！”一位身体晒得油黑发亮、打着赤膊的老人家眯眯笑道，“草势来得凶呢！天气热，草长得快，恨不得拖住日头干哩！”“哦……”任弼时轻轻点点头，又问，“现在干得怎么样了？”“还差得远。”老农摇摇头，轻轻叹了口气。“是吗？”任弼时没再说什么，而是掉转马头，在农民干活的地上跑了一圈，进行察看。

第二天，天还没亮，农民们正在地里干活，突然大路上人声喧哗，一大批干部、战士扛着锄头，向田里走来。任弼时头戴大草帽，脚穿粗布鞋，挎着一壶水，提着锄头走在队列里。农民们明白了是怎么回事，纷纷跑到路上拦住大家说："这怎么行？这怎么行？你们都是办公事、办大事的，这点小事也要你们帮忙，叫我们如何过意得去？"任弼时笑着说："这也是公事和大事啊！"接着他握着老村长的手又说："村长，今天和老乡们一起锄草抗旱，我们锄得不好，请你们多指教。"

接着，任弼时带头到地里干了起来。他戴着眼镜，锄得很仔细。靠近苗根部的一些草，他就弯腰去拔，以免不小心锄坏苗。不一会儿，细细密密的汗珠已布满了他宽阔的前额。他一边锄草还一边交代同来的战士：要注意点，不要光图快，把苗给锄掉了。春天锄掉一棵苗，还可以想办法补，现在锄掉一棵，损失就大了。但又不要把莠子苗当谷子苗留着，帮倒忙……

一眨眼，任弼时带着大家干了大半个上午。这时，一位农民走上前来说道："首长，歇歇吧！"任弼时点点头，用毛巾擦擦汗："好吧，歇一歇也好。""请到屋里去，屋里凉爽。""不用了。"任弼时走到一棵大树下，草帽一摘，就坐了下来，说，"跑来跑去费时间，就坐在这里好。来，都坐下吧。"那位农民大哥搓着手，激动得不知干什么好，好半天才想起应该让首长喝碗茶。任弼时接过递来的一个粗瓷碗，把碗里的水一饮而尽，然后又挥手说道：“怎么？都不坐？坐呀！坐呀！”几个农民围着任弼时，感动又略带拘束地坐下了。任弼时又问起了大家的生活情况，帮大家算生活细账。他问大家：一亩地可以打多少玉米、多少小麦，好地打多少，坏地打多少；收的粮食可以吃几个月，其余几个月怎么办，还能搞什么副业；喂猪的饲料怎么解决；等等。

很快，大家的拘束感就消失了，你一言，我一语，话也多了起来。任弼时又扳着手指头，一项一项帮大家作生活计划：冬天怎么安排，春荒怎么度过。他说：一定要搞好家庭副业，喂鸡，养羊，种点洋烟。这样至少可以拿回两三个月的口粮，也可以补贴家用。他还说：请客送礼的事不要搞了，过日子要节俭，村干部要带带头，破除旧的风俗，让大家把钱用到解决生活困难这方面去。他沉思了一会儿，又提议：到冬天，大家可以组织起来寻点活干，到山里去烧炭，或者背煤，这样一天也能挣一些钱。要是遇上雪天不能出门，就可以在家编垫子、席子，这样也可以拿回两三个月的口粮……

大家越听越惊奇：想不到首长还这样熟悉大家的生活情况，这样体贴入微地关心他们每一家每一户呢！

不怕困难
艰苦奋斗

毛泽东

微弱灯光中探求前进的方向

“天上的北斗星最明亮，茅坪河的水啊闪银光，井冈山的人哎，抬头望哎，八角楼的灯光照四方，八角楼的灯光哎照四方哎，我们的毛委员在灯下写文章，革命风雷笔下起，五湖四海红旗扬……”这首耳熟能详的红歌《八角楼的灯光》，唱出了井冈山时期，毛泽东在艰苦的环境中，以昂扬的斗志进行理论创造、为中国的革命拨开迷雾的生动场景。

1927 年 9 月下旬，毛泽东率领湘赣边界秋收起义的部队避开强敌，向罗霄山脉中段前进，经过一系列斗争，成功开辟了井冈山根据地。进驻井冈山后，毛泽东将他的办公和居住地点定在了茅坪村一栋土砖结构的两层楼房中，因楼上有一个八角形天窗，所以大家也称其为八角楼。从此，八角楼就和中国革命的命运紧紧联系在了一起。

由于国民党反动派对井冈山根据地实行军事进攻和经济封锁，根据地各种资源都十分缺乏，红军战士们生活非常艰苦。为了厉行节约，毛泽东向全军宣布了一个关于使用油灯的规定：团、营、连部晚上办公时用一盏灯，可点三根灯芯，办完公要熄掉，连部留一盏灯做带班、查哨用，只准点一根灯芯。

按照规定，毛泽东可以使用三根灯芯，但自从宣布规定那天起，每当夜幕降临，八角楼上便经常只亮着一盏燃着一根灯芯的青油灯，毛泽东就在这盏如豆的油灯下工作至深夜。在一个下大雪的寒冷冬夜，警卫员为了让毛泽东取暖，便想方设法弄到了一个火笼。谁知毛泽东拒绝道："小鬼啊，你看我身上都披着线毯了，不会冷的。你把火笼送给其他需要的人吧。"但警卫员心里却嘀咕着不愿离去，毛泽东只好接过火笼亲自送到了前委秘书们的住处。警卫员不情愿地退了出去，临走时，他看到毛泽东的房间实在太暗了，就往油灯里多拨了一根灯芯。毛泽东回到房间后，见灯变得亮多了，皱了一下眉，重新把添加的一根灯芯拨开，继续在昏暗的油灯下奋笔疾书。

就是在八角楼上一根灯芯的微弱灯光下，毛泽东以昂扬的斗志彻夜创作。他穿着单军衣，披着薄毯子，时而陷入沉思，时而奋笔疾书，写出了《中国的红色政权为什么能够存在？》《井冈山的斗争》两篇光辉著作，打消了上至中央下到军民关于"红旗到底打得多久"的疑问，照亮了中国革命的前程。就如邓小平后来所说："回想在一九二七年革命失败以后，如果没有毛泽东同志的卓越领导，中国革命有极大的可能到现在还没有胜利，那样，中国各族人民就还处在帝国主义、封建主义、官僚资本主义的反动统治之下，我们党就还在黑暗中苦斗。”

吃苦是光荣的事

1935年6月，毛泽东带领中央红军长征来到巍峨的大雪山。“大雪山，大雪山，只见人上去，不见人下来。”当地群众这样形容大雪山，可见大雪山的自然条件是多么的恶劣。毛泽东身穿夹衣夹裤，脚蹬黑布鞋，踩着坚硬的雪路，艰难地行进。路太滑，经常是爬一步，退两步。警卫员几次想上去搀扶他，可毛泽东都一一婉言谢绝了，他坚持要自己走上去。

毛泽东有一匹马，大家劝他骑上，他不肯，大家又劝：“主席，您不骑马，那就拉着马尾巴，这样安全，也省劲多了！”毛泽东笑着说：“马，首先应该让给伤病员和体弱的女同志。多一个同志爬过雪山，就为革命多保存了一份力量啊！”

越往上走，积雪越深，气压也越低，呼吸渐渐感到困难。根本就没有什么路。一不小心，有的战士就陷入深雪中。毛泽东看见了，总是伸出手拉他们上来，同时还鼓励他们战胜困难。

一次，毛泽东的警卫员掉进了雪坑，上来后大发牢骚：“这叫什么鬼山？我宁肯翻10座山岭，也不愿走这么一座雪山！”毛泽东鼓励他说：“那你应该走走。这艰苦对于年轻人是一个很好的锻炼！很有乐趣嘛！”警卫员点点头，觉得毛泽东讲得有道理，再往上走，也就不埋怨了。

雪山上气候恶劣，变幻无常，一会儿狂风大作，一会儿冰雹倾泻。一些战士吓坏了。毛泽东镇定地和战士们手拉着手前进，不断地嘱咐大家：“低着头走，不要往上看，也不要往山下看，千万不要撒开手！”

在毛泽东的带领下，巍峨雄壮的大雪山，终于被红军指战员们踩在脚下。

进入藏区后，红军部队找不到吃的，先是断了盐，接着又断了粮。战士们每天只能吃两顿青稞、苞谷，有时一天只能吃一顿，这一顿也只能吃个半饱。

有一次，部队吃青稞面混合着野芹、豌豆叶子熬成的汤。警卫员一看到这样的伙食，心里不禁犯愁，让毛主席吃这样的饭怎么行呢？毛泽东见他面有难色，爽快地接过碗说：“现在全军都在吃青稞混野菜，我们也要吃。你没听说上古的时候，神农氏炎帝为了给人治病，他尝过百草吗？我们今天为了北上抗日，也得吃点苦。吃苦是光荣的事，没有今天的苦，就没有明天的胜利。当然，这种苦只有我们才能吃得下去，因为我们深信革命一定能够成功。”说完，他就大口大口地吃下了这碗饭。

从懋功到毛儿盖，大约有几百里的雪山区域，是红军所经历的最困难的一段路程，毛泽东一直和战士们一样，吃的就是这种青稞混野菜。

进入草地后，环境依然恶劣。一天，风雨交加，毛泽东和战士们正在草地上艰难行进，大家身上都淋得透湿。到了宿营地，也是一望无际的茫茫草地，到哪里去给主席找休息的地方呢？毛泽东的几个警卫员发起愁来。

开始，大家试着把一条被单绑在小树上，但由于风大雨急，试了几次都不行。这时，毛泽东看见了，他出了一个主意，即让战士们把他担架上遮风雨的油布拿下来，支起一个小帐篷。战士们很快就支好了。毛泽东走到里面看了看，感到很满意，就笑着对几个战士说："来，咱们挤在一起睡吧！"战士们你看看我，我看看你，都觉得挤进去不合适，站在原地不动。

毛泽东不由分说，招呼战士们都进了油布篷休息。冷风吹来，天气更加阴冷，战士们挤在毛泽东身边，度过了一个难忘的夜晚。

进入草地后，由于部队缺粮，不少伤病员病情恶化。毛泽东指示杀掉几匹马，把马肉分给伤病员吃，而他自己仍然坚持吃青稞野菜汤。负责杀马的同志考虑到毛泽东日夜操劳，行军途中仍要坚持工作，很想让他吃些马肉，可他们知道毛泽东的脾气，没有提出给他马肉，就趁毛泽东不在的时候，悄悄地把一块巴掌大的马肉送到了警卫班。正巧，警卫班正设法给毛泽东弄吃的，也就瞒着毛泽东收下了。到了宿营地，警卫员正想拿出马肉，混着野菜煮给毛泽东吃。可毛泽东瞧见了，责备他们说："你们又打埋伏了！"然后叮嘱警卫员，把这块马肉留给伤病员吃。

跨越千山万水，历尽千辛万苦，毛泽东带领红军官兵披荆斩棘，终于战胜了恶劣的自然环境，摆脱了反动派的围追堵截，胜利到达了陕北。

周恩来

抓紧时间多干些工作

1972 年 5 月，周恩来在一次例行检查中被诊断为膀胱移行上皮细胞癌。虽然医生和身边的人都没有将患癌症的情况告诉他，但是周恩来感觉到自己可能时日不多了，他不仅没有停下来休息，反而更加忘我地投入工作中，“抓紧时间多干些工作”。

1973 年 6 月的一天，当时周恩来的病情已经非常严重。连续工作 30 多个小时后，晚饭还没来得及吃，时间已经来到凌晨两点钟，但是周恩来还没有休息的空闲，因为他随后还要接见来访的越南总理。

当距离接见时间还有十几分钟时，秘书轻声来到伏案工作的周恩来身边，小声提醒他：“总理，还有十几分钟。”周恩来应了一声，说道：“你们作好准备，我去刮个胡子。”说完，他双手扶着桌子，十分吃力地站了起来，摇摇晃晃地拖着疲惫的身体走向了洗手间。

警卫员和秘书趁着周恩来洗漱的时间，赶快去通知准备简单的饭菜和车辆。一切都准备妥当后，过了很长一段时间，还不见周恩来出来，大家心里一惊，赶快跑到洗手间去查看情况。一推开门，只见他左手拎着一条毛巾，右手握着满是肥皂沫和胡须楂的剃须刀，头靠着镜子睡着了。大家都被这一幕感动了，眼泪止不住地流了出来。几个人强忍着抽泣声，谁也没有去打扰他，想让他尽可能多地休息一会儿。

但是，由于太疲劳了，周恩来的腿突然打了一下弯，差一点儿摔到地上。大家赶忙向前一步，轻轻搀扶住了他。周恩来睁开双眼，吃了一惊，赶快用毛巾擦去脸上的肥皂沫，揉了下双眼说道："糟糕，怎么睡着了。"紧接着他看了一下手表，急匆匆地边走边说道："迟到了，迟到了，这次怪我！"

整理好着装后，周恩来就准备上车。警卫员拦住他说："总理，您好长时间没有吃饭了，先吃碗面条再走吧？"周恩来叹了一口气，轻声说道："来不及了，你看看能不能找两块咖啡糖来提提神？"警卫员没有办法，只能匆匆去给他取了两块糖。剥糖纸时，周恩来的手指颤抖着，差点儿把糖掉到地上。警卫员看到这里，非常担心他的身体，眼圈不自觉地又红了。

会见按时进行，但是越方不断提出各种要求，导致会谈进行得十分艰难。由于过度劳累，周恩来十分疲惫。为了提振精神，他只能让服务人员给他递条湿毛巾，不停地在额头和眼窝擦拭和按摩。但是，这样做的效果并不是很好，没过多久，周恩来又小声跟服务人员说道："要热毛巾，热一点的。"换了几次后，服务人员下来说道："总理要烫毛巾。"于是，两名服务人员便用滚烫的开水为他不停地涮毛巾。周恩来边会谈边用这滚烫的毛巾擦拭眼窝，勉强维持着精力。

会谈一直持续到太阳升起，周恩来又是一夜未眠。会谈结束后，两位服务人员眼含泪花，捧着双手，原来她们的手都被热水烫起了一串水泡。警卫人员以为她们感到委屈，便轻声安慰说："你们辛苦了！"这么一说，两位服务人员却哭出了声："我们不要紧，可是总理……"原来她们是在心疼周恩来……

自从罹患癌症以后，周恩来一直坚持这样忘我地工作。根据他的工作日历记载，从 1974 年 1 月 1 日到 6 月 1 日住进医院动手术那段时间，周恩来几乎每天都抱病工作 12 个小时以上，其中连续工作 18 至 24 小时的日子有 40 多天，甚至有一次连续工作 30 多个小时没有休息。身边工作人员对此心疼不已，都劝他多注意自己的身体。但是他每次都是嘴上答应着，身体却依然伏在办公桌上……

刘少奇

要靠自己想办法解决困难

1941年1月皖南事变以后，刘少奇临危受命担任新四军政委，肩负重整新四军、发展华中的重任。作为华中和新四军的主要领导人，他每天坚持艰苦朴素的工作和生活作风。他日常总穿的一双鞋，受到了大家的关注，在华中小有名气。这双鞋的鞋帮和鞋底都打满了补丁，鞋头已经被磨破，连脚指头都露出来了，像狮子张开了口。身边的同志每每看见心里总不是滋味，总劝政委换一双新鞋。刘少奇却总是摆摆手，笑着拒绝："这双鞋陪着我从陕北一路走到这里，算得上劳苦功高啊，不能随随便便就去了，让鞋匠补一补还是能穿的嘛！"新四军代军长陈毅在一次开会的时候不经意发现了刘少奇脚上这双狮子口鞋，便计划着给刘少奇换双新鞋。他知道刘少奇的性格，便采取了先斩后奏的策略，先找人偷偷要了刘少奇鞋子的尺寸，再去买了双新鞋。他带着新鞋来到刘少奇的住处，便要把那双狮子口鞋请进“博物馆”，刘少奇笑着拒绝道：“这双鞋跟我是老交情了，缝缝补补穿了五年了，一时间还真舍不得丢！”陈毅看他还想继续推辞，便佯装板起脸：“现在是打仗，我以军长的名义命令你，赶快换上新鞋。”刘少奇执拗不过，这才换上新鞋。狮子口鞋的故事被传为佳话。

华中敌后抗日革命根据地初建，困难重重，加上日伪军经常“扫荡”进攻，新四军战士每天只能吃两餐杂粮稀饭。在这样艰苦的条件下，刘少奇并没有退缩。他一面指导筹集粮食，一面安排秘书将照顾他和中原局的米面送到前方。他自己每天也只吃两顿杂粮稀饭，有时候还掺些野菜，除此之外再没有别的干粮了。但他的乐观精神，使得身边的战士都深受鼓舞。在沭阳，当地老百姓没好饭菜，主食是粗粮、红薯煎饼，因为吃的时候要用力咬嚼，俗称摇头饼，刘少奇管它叫“日本国旗饼”。当时，有些伤病员不习惯吃这种饼，刘少奇同志就风趣地鼓励他们：“吃呀！吃一张煎饼，就吃掉一面日本旗。”许多伤病员听他这么一说，再吃煎饼就觉得有滋有味。

1947 年 4 月，刘少奇带领一部分中央机关的同志先行转移到华北，暂驻河北阜平城南庄，这里也是晋察冀军区机关的驻地。中央工委机要股的同志到阜平后，发现军区机关用的设备比自己的好，待遇也高，心里有些不平衡，认为中央是领导军区的，中央的设备和待遇就应该比军区的要好，这才合理。

机要股股长周兴复同志经不住股里同志怂恿，也认为应该改善机要设备和待遇，放密码的话，皮包比布挎包安全，于是向刘少奇打了个报告。

刘少奇放下手中工作仔细看完了报告，然后抬起头和蔼地和周兴复说：“我看你们的布挎包蛮好，不是从延安背到这里来了吗？”

周兴复说：“密码放在布挎包里，一下雨就淋湿了。”

“我们行军打仗，遇到雨天很正常，密码保护得不是也很好吗？”刘少奇说。

周兴复笑着解释：“那是同志们想了些办法，不然哪行！”

刘少奇接着说：“对啊，就是要想办法嘛！今后我们还是要靠自己想办法解决这些困难。”“我们来这里是工作的，不是来和大家抢东西的，我们是上级机关的同志，应该与军区机关相关同志比艰苦奋斗的精神，比谁干的革命工作多，不能比待遇。”

刘少奇继续开导说：“我们共产党是出来搞革命的，现在还不富裕，摆不起阔气。就是将来革命胜利了，仍然需要艰苦奋斗，这是我们的传统。”周兴复听得非常认真，心悦诚服，回去后传达了刘少奇的意见，大家心里豁然开朗，再也不提改善机要设备和待遇了。

朱 德

“朱德扁担，不准乱拿”

井冈山根据地建立初期，国民党军队不仅从军事上对红军进行“围剿”，而且还在经济上严密封锁，妄图把红军饿死、困死在井冈山，以达到扑灭革命的目的。对于当时的情况，毛泽东曾在文章中谈道：在白色势力包围的井冈山，军民日用必需品和现金的缺乏成了极大的问题。每天每人只有五分大洋的油盐菜钱，还是难以为继。根据地食盐、布匹、药品极度缺乏，几乎断绝。红军官兵在打仗的同时，还要筹款，每天的伙食费极少，战士们大都营养不良。医院伤员缺医少药，极其艰苦。

在困难时期，毛泽东、朱德等红军领导人与官兵一致，共同过艰苦的生活。为了打破敌人即将到来的“会剿”，及时把粮食运上山以备战时之需，毛泽东、朱德带领红军将士从井冈山下挑粮上山，每人每天两趟，往返百余里。挑粮的一条路线要经过黄洋界。黄洋界海拔1300多米，地势险要，一边是崇山峻岭，一边是万丈悬崖，当云海翻涌时如一望无际的汪洋大海，故黄洋界又称“汪洋界”。挑粮的危险性和艰巨性可想而知。

在一个寒冷的冬日，天还没亮，朱德又带领红军战士和赤卫队员到山下挑粮。当时的军长朱德已经40多岁了，但他没有搞特殊，而是穿着草鞋，戴着斗笠，和年轻的战士们一样，挑着满满的一担粮，在蜿蜒崎岖的山路上健步如飞。

大家看到朱德走得满脸是汗，军装都湿透了，身体被扁担压得弯弯的，非常心疼，都想着：朱德军长晚上经常整夜整夜地研究怎样跟敌人打仗，白天还要跟大家一样挑粮，这可会累坏他的。于是他们商量一起到朱德面前提“抗议”，劝他少挑些。但是朱德却假装不懂他们的意思，转移话题说：“同志们，今天我们来比比赛，看谁最先赶到黄洋界上的大槲树那儿！”一听说比赛，战士们劲头来了：“好啊！谁先到大槲树谁是英雄！”这时，一个战士灵机一动说：“朱军长，比赛可以，但有个条件。”朱德问：“什么条件？”战士说：“您年纪大，不能挑那么多，分给我们一点。”朱德一听，爽朗地笑了起来：“那可不行！”话音未落，便挑着担子向前走去，留下了一阵笑声。

中午时分，队伍赶到黄洋界大槲树下休息。这时战士们开始议论怎么可以劝阻朱德军长。大家七嘴八舌地说，劝也劝不住，讲也讲不过，怎么办？最后大家想了一个好办法：一名同志把朱德的扁担偷偷拿来藏了起来。大家认为这样就可以阻止朱德再去挑粮了。

但是，没想到朱德却又自己花一个铜板买了一根毛竹，用柴刀做了一根又大又扎实的扁担，还特地写上了“朱德扁担，不准乱拿”八个字，又高高兴兴地下山挑粮去了。从此，他的扁担再也没人“偷”了。

邓小平

身处逆境，坦然面对

在“文化大革命”中，邓小平遭受错误的批判和斗争，被剥夺一切职务，送到江西新建县拖拉机修配厂劳动。不论是数九寒天还是赤日炎夏，邓小平每天都是按时上下班，从不迟到早退。在工作时，他全神贯注、一丝不苟，从没因自己的身体和年龄，而耽误了手中的工作。

1970 年 6 月 8 日，农历五月初五，这是邓小平夫妇到江西后的第一个端午节。按照习俗，过节前几天，家家户户就开始煮茶鸡蛋、包粽子。这一天，和卓琳在一个电工组的青年女工程红杏，拿着在街上买的糯米和粽叶，来到邓小平家，帮助卓琳包粽子。两个人先淘好糯米，配上赤豆。然后把粽叶折成漏斗形，装上糯米，封上口，再用细麻绳扎紧。有时，包得不像粽子样，两人就大笑起来，笑完再重新包。

这时，邓小平在菜地里忙完走了进来，微笑着和程红杏打招呼。起初程红杏进来时，看见邓小平正在自己开垦的菜地里种着蔬菜，心里就很惊奇：这样大的干部，自己还会种菜呀！

过了一会儿，正在做饭的邓小平继母准备把一碗变了味的菜汤倒掉。程红杏凑过去，用鼻子嗅了嗅，觉得变了味，也说不要吃了。邓小平知道后，微笑着说："煮开后，还能吃。"这件小事使程红杏很受触动，一直铭记在心。不久，"老头儿真节约，连一碗馊了的菜汤都不肯倒掉"的佳话，就在工人们中间传开了。

在江西工厂上班期间，邓小平的车间主任名叫陶端缙。他和邓小平在一个党小组，经常主动关照邓小平的劳动，尽量帮助邓家做些事情。有一次，邓小平用的脸盆底部漏了个小眼儿，就用小棉球堵起来用，后来小眼儿变大了，邓小平就拿到车间去，请工人们给焊一下。工人们把脸盆焊好后，又点了点漆，陶端缙便亲自给送来。

陶端缙看得出来，邓家生活并不宽裕，他们不仅自己种菜、养鸡，连碗变味的菜汤也舍不得扔，脸盆坏了还修理了再用。于是，他问邓小平："你每个月吃多少米，够不够吃？""够了，我每月吃粮 26 斤，多吃一点蔬菜。什么蔬菜我都喜欢多吃一点。""你生活上还需要什么？"邓小平坦率地说："我喜欢喝点米酒，有时自己也做点。"看到对方对自己会酿酒感到奇怪，他笑了笑又接着说："其实，做米酒很简单，也很容易做。先煮糯米饭，加点酒药，放点白糖，再用罐子装起来密封好，过几天就可以吃了。我现在喝的米酒都是我自己做的。”

陶端缙告诉邓小平：“那好哇，酒药、糯米，我那里都很容易搞到，你要的时候，告诉我一声就行。”邓小平笑着说：“行呀，可以，可以。”

这些点点滴滴，记录了那个特殊年代遭受挫折的邓小平的生活，也反映了他身处逆境、不改其志的高尚情操。

陈　云

不怕困难、终身奋斗是第一条的标准

长征出发前夕，为了加强部队的政治工作，中央派陈云担任红军第五军团的中央代表。中央决定，长征由红五军团殿后，担负掩护整个部队的任务。朱德和周恩来向陈云交代了任务，周恩来对陈云说：殿后有许多预料不到的事情会发生，为了全军的整体利益，甚至要作好部分牺牲的准备。所以，中央决定派你去担任中央代表，负责掌握全军的后卫情况，要机断处理紧急问题。

1934 年 10 月 18 日晚，陈云同红军第五军团从江西的曲利出发，踏上了举世闻名的二万五千里长征路。在长征开始后的行军过程中，陈云和红五军团遇到了重重困难。后来，陈云在向共产国际报告时说："有一次，我们顶着倾盆大雨，跋涉在泥泞之中，花了十二个小时，才走了四公里。"陈云和红五军团担负殿后掩护的任务，走在所有部队的最后面，遇到的困难更大。他们在长途行军中，既要击退紧跟在后的国民党追兵，还得设法解决部队的伙食供应，因为走在前面的部队还可以弄些蔬菜等东西吃，走在后面的常常什么都没有了。陈云后来说：“长征时五军团打后卫，天天有战斗，没好好睡过觉。”“我作为后卫部队的政委，有责任设法保障后卫部队不落后，有时六天六夜不能睡觉。”

红军过了湘江后，进入了广西、湖南边界的西延山脉主峰越城岭，也称老山界。这是红军出发以来遇到的第一座高山。老山界海拔两千多米，群峰高耸，山势连绵，道路崎岖，到处是悬崖峭壁，而且这里气候瞬息万变，有的地方连当地老百姓也从来没有上去过。陈云后来说：老山界“确为我十几年来第一次上过的高山”，“老山界这个山高得非常使人发急，到了一个山顶，见前面只有一个高峰了，不料上了那个高峰，前面还有一个高峰。这样一个又一个地爬着高山，大家不停喘气和汗流浃背”。

由于要在黑夜中行军，红军遇到了很多困难，走得很慢。“简直是走一步停一下，走一步停一下。天气又冷，风又大，山又高，山下的泉水的流声如万马奔腾。人又疲倦，可是不敢合眼，因为路太狭了，只有一海关尺（注：约 0.36 米）阔的路。”在行军中，有一个战士因为天黑未找火把，加上睡眼蒙眬地走着，忽然一失足滚入了水沟里，当大家找到这个战士时，已经满身泥水，不能言语了。

尽管环境艰险复杂，甚至随时都有可能牺牲生命，但陈云和红军凭着勇敢无畏的精神，终于征服了老山界。陈云后来在他所写的《随军西行见闻录》中总结道：“赤军之能够翻过越城岭之西延山脉，而且在此山高人迹稀少之区，未受损失者，确是赤军上至首领下至兵伕具有刻苦耐劳与其他各种优点，而这些都为国军所不及者。”

红军长征胜利到达陕北后，1939 年 5 月陈云发表了《怎样做一个共产党员》的文章，他把树立共产主义人生观和不怕困难、坚持奋斗作为共产党员的第一条标准。他说：每一党员应该深刻知道，中国革命是一个长期的艰苦的斗争过程，在弯曲险峻的革命道路上，革命者必须经历长期的艰苦和波折；在与敌人经常的斗争中，在每一事变的紧急关头，还有牺牲的可能。因此，每个共产党员不仅要坚信共产主义的必然实现，而且必须对于工人阶级和中国人民、中华民族的解放事业，有不怕牺牲、不怕困难和奋斗到底的决心。他强调，特别是在困难中，在生死关头时，在失败时，要有大无畏百折不挠的精神。

任弼时

中国人民的骆驼

任弼时几十年来兢兢业业、日夜操劳，即使身患重病，依然坚持奋斗在一线。叶剑英评价他：“他是我们党的骆驼，中国人民的骆驼，担负着沉重的担子，走着漫长的艰苦的道路，没有休息，没有享受，没有个人的任何计较。”

革命年代，任弼时先后两次被捕，其间遭受各种酷刑。虽然在组织的及时营救下，保住了性命，可从此患上了高血压。组织让他先休养身体，任弼时却连连摇头，表示组织正缺人手，他绝不能去休息。

1947 年，任弼时患上糖尿病、动脉硬化等疾病。党中央一再决定让他住院治疗，他却仍然不肯放下工作，总是说，没有关系，一个共产党员，肩负着革命重担，能坚持一百步，就不该走九十九步。明知自己身体不好，任弼时依旧无法放下工作。他的身体每况愈下，各项病情愈发严重。毛泽东等人劝了多次依旧无果，无奈只能下达指令，命令他放下全部工作，静心休养。但是，任弼时并没有闲下来，而是利用中央让他休养的机会，到杨家沟等十几个村子调查研究土地改革情况，及时纠正土地改革中发现的错误。

1949 年 3 月 25 日，中共中央进驻北平后，任弼时负责筹备召开中国新民主主义青年团第一次全国代表大会。由于这次大会意义重大，他放心不下，身体刚好转一些，就提笔起草报告，几日内便写出了长达 1.2 万字的报告，呈报毛泽东审阅。4 月 11 日，会议如期召开，任弼时第二天需要亲自上台作报告。大家都担心他的身体，劝他以身体为重，但他坚持自己上台。讲到一半，任弼时就开始头晕、心悸，看起来马上就要倒下，无奈之下，只能由他人上台代为宣读报告稿。自己无法上台，任弼时心中满是遗憾，他为这次会议准备良久，最后还是败给了疾病。由此他不得不到苏联治病。

1950 年 4 月，病情稍有好转，任弼时就迫切要求回国工作。回国后，党中央要他继续休息，医生也只允许他每天工作三四个小时，他却主动给毛泽东和中央书记处写信，坚持要求工作。毛泽东就任弼时是否复工一事，同几位中央书记商议。6 月 27 日，毛泽东回复任弼时：“同意弼时意见，试做工作，每日不超过四小时。”

但是作为一个工作狂，任弼时一工作起来，就把病情抛诸脑后，不断增加工作时间，最后每天工作往往会超过八小时。每逢毛泽东夜里召集会议，他都坚持参加，白天照常工作。

抗美援朝期间，国际形势日趋紧张，任弼时常常工作至深夜，长时间研究战局并思考对策，最终因劳累过度而病逝。任弼时去世后，党中央对他的革命精神和崇高品格给予高度评价。毛泽东、刘少奇、周恩来等亲自为任弼时扶灵，将灵柩移往劳动人民文化宫。毛泽东亲笔题词："任弼时同志的革命精神永垂不朽！"

敢于斗争
善于斗争

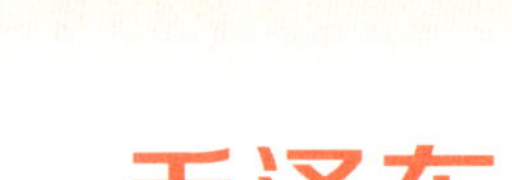

毛泽东

有险偏向虎山行

抗日战争胜利后，以武力消灭共产党及其领导的人民军队和解放区政权，是蒋介石集团的既定方针。为了敷衍国内外舆论，掩盖其正在进行的内战准备，蒋介石三次电邀毛泽东到重庆共商“国际国内各种重要问题”。

对于蒋介石的邀请，延安的第一反应就是：这是一场“项庄舞剑，意在沛公”的鸿门宴。但是，如果毛泽东不去重庆进行所谓的“谈判”，蒋介石就可以把“不要和平”的罪名扣到共产党身上。毛泽东等人召开会议，讨论后决定由周恩来先去重庆，毛泽东去不去、何时去则由中央政治局、书记处根据情况再行决定。

但是，周恩来尚未启程，1945 年 8 月 24 日，盟军中国战区的美军司令官魏德迈在继蒋介石“三邀”之后，也发电邀请毛泽东赴渝和谈。美国人的介入，使得局势变得更加复杂。

25 日晚，中央政治局再次开会讨论毛泽东去重庆的问题。为了国内和平的大局，毛泽东毅然决定，不顾个人安危，深入虎穴。政治局决定由周恩来、王若飞陪同前往。

大家都十分担心毛泽东的安全：深入虎穴与“杀人如草不闻声”的蒋介石谈判，能够安全返回吗？对此，毛泽东是作好了最坏打算的。临行前，他不但建议由刘少奇代理自己的职务，还建议书记处增补陈云、彭真二人为候补书记，以便在毛、周二人都不在的情况下，书记处还能保持五人开会。在赴重庆谈判前的政治局会议上，毛泽东说：“我准备坐班房……如果是软禁，那也不用怕，我正是要在那里办点事。现在苏联红军不入关，美国军队不登陆，形式上是中国自己解决问题，实际上是三国过问，三国都不愿中国打内战，国际压力是不利于蒋介石独裁统治的。中苏条约有利于中国人民，苏联红军攻占东三省是有很大影响的。所以，重庆是可以去和必须去的。”

作家方纪在散文中记录了毛泽东从延安东门外机场出发时的情景：“主席伟岸的身形，站在飞机舱口；坚定的目光，望着送行的人群；宽大的手掌，握着那顶深灰色的盔式帽；慢慢地举起，举起，然后有力地一挥，停止在空中……”

1945 年 8 月 28 日，毛泽东率领中共代表团飞抵重庆。经过 43 天的艰苦谈判，10 月 10 日，国共双方代表签订《政府与中共代表会谈纪要》，即《双十协定》，并公开发表。国民党政府接受中共提出的和平建国的基本方针。双方协议“必须共同努力，以和平、民主、团结、统一为基础”“长期合作，坚决避免内战，建设独立、自由和富强的新中国”。双方还确定召开各党派代表及无党派人士参加的政治协商会议，共商和平建国大计。此外，谈判还达成迅速结束国民党的“训政”，实现政治民主化、党派平等合法、释放政治犯等协议。重庆谈判的胜利不仅在一定程度上推迟了全面内战的爆发，而且促进了统一战线的发展。

为了国家的和平，为了民族的前途和人民的利益，毛泽东不顾个人安危，把自己的生死置之度外，亲赴重庆与蒋介石谈判。柳亚子写诗称赞毛泽东为了全国人民的福祉、涉险来重庆谈判的义举：“弥天大勇诚能格，遍地劳民战尚休。”毛泽东的这种“明知山有虎，偏向虎山行”的“弥天大勇”，是共产党领袖在国家、民族的紧要关头所表现出的大无畏精神，是面对沉甸甸的历史重任时义无反顾的使命感和担当意识。

不怕鬼就没有鬼了

20世纪50年代末到60年代初，对中国来说是多事之秋。在国内，由于“大跃进”失误和三年经济困难，经济发展和人民生活进入严重困难时期；国际上，中印关系紧张，西方世界掀起反华浪潮，中苏友好关系这时候也开始紧张，随后进入论战状态。可以说，一时间，压力和困难接踵而至。以什么样的精神状态来应对这些挑战，渡过难关，是毛泽东当时考虑得比较多的一个问题。

从 1959 年春天开始，毛泽东在不同场合经常讲古代笔记小说中的一些不怕鬼的故事。5 月 6 日，他向 11 个国家的访华代表团介绍了西藏分裂分子武装叛乱和中印关系的紧张情况，随即把话题引向不怕鬼的问题："世界上有人怕鬼，也有人不怕鬼。鬼是怕它好呢，还是不怕它好？中国的小说里有一些不怕鬼的故事。我想你们的小说里也会有的。我想把不怕鬼的故事、小说编成一本小册子。经验证明鬼是怕不得的。越怕鬼就越有鬼，不怕鬼就没有鬼了。"

说干就干，毛泽东把这项任务交给了中国科学院文学研究所所长何其芳。到这年夏天，《不怕鬼的故事》便基本编成。这部书稿从古代笔记小说里选了几十篇和鬼魅斗智斗勇的故事。毛泽东又让何其芳进一步精选充实书稿，遂成 70 篇，共 6 万多字，每篇又相应作了注解，还写了一个序言。

1961 年 1 月 4 日，毛泽东约何其芳谈序言的修改。何其芳根据毛泽东的意见改完序言，毛泽东又作了多处加写。其中有一句是："难道我们越怕'鬼'，'鬼'就越喜爱我们，发出慈悲心，不害我们，而我们的事业就会忽然变得顺利起来，一切光昌流丽，春暖花开了吗？"在序言末尾加写的一大段话里，毛泽东把他提议编选该书的现实意义表达得格外直接："读者应当明白，世界上妖魔鬼怪还多得很，要消灭它们还需要一定时间，国内的困难也还很大，中国型的魔鬼残余还在作怪，社会主义伟大建设的道路上还有许多障碍需要克服，本书出世就显得很有必要。"

《不怕鬼的故事》于 1961 年 2 月由人民文学出版社出版。付印前，毛泽东批示把清样送给刘少奇、周恩来、邓小平、周扬、郭沫若看，征询意见；出版时，指示将序言在《红旗》和《人民日报》上登载，把全书译成几种外文；出版后，又推荐给参加整风的干部们阅读。如此大张旗鼓地推荐，显然是把《不怕鬼的故事》作为现实政治斗争和思想教育的工具。

毛泽东当时说的"鬼"，有两层含义：一是国际上的反华大合唱，一是国内的困难和障碍。从毛泽东历次谈话和对《不怕鬼的故事》序言的修改来看，不怕"鬼"的精神，有这样一些内涵：怕"鬼"没用，越怕"鬼"越多；只要战略上藐视，战术上重视，就一定能战胜各种各样的"鬼"；不怕"鬼"，进而打"鬼"，是一个长期的过程；要注意争取和改造"半人半鬼"的对象。

《不怕鬼的故事》所倡导的，就是坚定意志、敢于斗争、敢于胜利的精神。它的出版，在当时给人们以深刻的启发和教育，激发了全国人民敢于斗争、敢于胜利的坚定信心。

周恩来

坚决打击国民党反动派的分裂活动

1941 年 1 月 6 日，奉命北移的新四军军部及其所属皖南部队 9000 余人，在安徽泾县茂林地区突遭国民党军队 7 个师 8 万余人的包围袭击。新四军部队英勇奋战七昼夜，除 2000 余人突出重围外，大部分壮烈牺牲或被俘。军长叶挺在同国民党谈判时被扣押，政治部主任袁国平牺牲，副军长项英、副参谋长周子昆在突围中被叛徒杀害。这就是震惊中外的“皖南事变”。

皖南事变发生时，周恩来正在国民党的统治中心——重庆主持中共中央南方局的工作，处在与国民党打交道的最前线。

事变发生的第二天，周恩来就获悉了新四军的艰难处境。他立刻向国民党有关方面提出严正抗议，并向蒋介石、何应钦、白崇禧等分别提出抗议。他向国民党严正声明：如果不停止对新四军的包围、袭击，新四军“只有突围四出，散于民间，战于敌后”。

1月11日，周恩来正在参加一个活动，突然接到中共中央的急电。他看完后，眉头紧锁，当场用沉痛的语气宣布了新四军的严峻危机。此时，活动现场的电灯突然全部熄灭了，过了一会儿才重新亮起。周恩来借此意味深长地说道：“黑暗是暂时的，光明一定会到来！”“有革命斗争经验的人，都懂得怎样在光明和黑暗中奋斗。不但遇着光明不骄傲，主要是遇见黑暗不灰心丧气。只要大家坚持信念，不顾艰难，向前奋斗，并且在黑暗中显示英勇卓绝的战斗精神，胜利是要到来的，黑暗是必然被冲破的。”随后，他连夜召开会议，商讨对抗国民党反动派的斗争方针。

此时，国共双方的关系已经极度紧张。中共中央十分担心周恩来和南方局同志们的安危，来电要求他们“暂时离渝”。但是周恩来坚定地说道：“我要坚持到最后。”

1月17日，蒋介石不顾社会上的反对之声，反诬新四军“叛变”，宣布取消新四军番号，声称将把叶挺交付“军法审判”，将第二次反共高潮推到顶点。

周恩来得知后，第一时间给何应钦打电话，痛斥道：“你们的行为，使亲者痛、仇者快。你们做了日寇想做而做不到的事！”随后周恩来主持召开会议，决定对国民党反动派的分裂行径给予坚决的打击。

为了揭露国民党反动派破坏团结抗战、破坏国共合作的阴谋，周恩来决定在《新华日报》上为皖南事变题词。但是，由于国民党政府对于新闻出版有着严格的审查制度，当时关于皖南事变的报道全部被扣。为了躲过审查，报社准备了两种不同的版式：一种没有周恩来的题词，给审查人员看；另一种留好版面，等周恩来题写完成后，立即连夜加印，并提前沟通好了发行渠道。

经过不懈努力，第二天一早，刊载周恩来题词的报纸在国民党反动派发现之前，就传遍了整个重庆。“千古奇冤，江南一叶；同室操戈，相煎何急？！”这一题词饱含着震撼人心的强大力量，在社会上引起了巨大反响。

周恩来领导南方局对国民党反动派的初步反击取得了显著效果，使更多人看清皖南事变是国民党顽固派蓄意发起的分裂行径，责任完全在蒋介石一方，从而对共产党和新四军产生了极大的同情。针对这种情况，周恩来致电中央，建议在政治上进行全面的进攻，进一步打击国民党反动派的反共气焰。

首先，周恩来联系黄炎培、沈钧儒、邹韬奋、翦伯赞等爱国民主人士，广泛争取舆论的支持。在谈话时，翦伯赞问周恩来：“国共会不会就此破裂？抗战会不会就此夭折？”周恩来微笑着说：“党的方针，就是争取时局的好转，但是同时还要准备更坏的局面的出现。至于抗战能不能继续下去，那绝不是蒋介石一人所能决定的。”翦伯赞等表示：“如果离开了中国共产党，中国的解放事业就没有保证。无论局势如何困难，一定要跟着中国共产党走到底。”黄炎培在同周恩来会见时，也表示当局如此措置绝对错误。在周恩来的努力下，中国共产党和新四军赢得了舆论的广泛支持，给了国民党反动派很大的压力。

同时，周恩来果断出击，争取国际社会对中共的支持。他指示南方局与外国记者和外交官联系，将皖南事变的真相向国外进行报道，使蒋介石集团遭到海内外人士的同声谴责。周恩来还亲自拜访英国、美国、苏联驻华相关人员，揭露皖南事变真相，谴责蒋介石为首的国民党反动派，争取到了国际上的支持。在英美苏三方的压力下，蒋介石的反共分裂行径不得不有所收敛。

在巨大的国际国内舆论压力下，加之对日作战屡屡败退，蒋介石集团的反共分裂计划被打破，不得不向共产党寻求妥协。为了争取主动，打破僵局，周恩来在继续政治攻势的同时，给了蒋介石集团一个台阶，提出了解决皖南事变的 12 条要求。蒋介石自知理亏，不得不亲自约见周恩来，做出缓和国共两党紧张局面的姿态。

刘少奇

“不入虎穴，焉得虎子”

1935 年，日本军国主义策动了“华北五省自治运动”，企图把华北从中国分裂出去。在民族生死存亡的关键时刻，中国共产党提出建立“最广泛的反日民族统一战线”。党中央决定加强在华北的领导力量，考虑派一个“得力的同志”到华北去。刘少奇具有在国民党统治区的丰富斗争经验，成为党中央派往华北的首要人选。

此时华北的党组织极为分散，北方局之前在很长时间内无法同正在长征途中的党中央保持联系，对党中央最新的精神也不了解。重整华北的党组织，重新到国民党统治区开展工作困难重重、危机四伏。1936 年初，刘少奇化名胡服动身前往华北。临行前有人对他说：“你这次去白区，是重返虎穴，任务艰巨啊！”刘少奇却满怀信心地回答：“不入虎穴，焉得虎子。

现在和过去不同了，有了毛泽东同志关于抗日民族统一战线的正确方针，一定能改变白区工作的局面。”

刘少奇在华北敌后，不仅敢于斗争，而且善于斗争。他抵达天津后，立即与党组织秘密接头，调查了解党组织的现状和斗争形势，提出了“准备自己，准备群众，为保卫天津、保卫华北而战”的任务和工作方针。他积极转变华北革命群众的斗争路线，有策略地组织学生和进步青年开展斗争，维护统一抗日的大局。

那时，北平高级中学学生郭清因参加抗日救亡运动，被警察逮捕，受到严刑拷打致死。北平学联举行抗议游行，高呼“打倒卖国贼宋哲元”“打倒冀察政务委员会”等口号，又遭到了军警的残酷镇压，许多学生领袖革命身份暴露，革命力量受损。

宋哲元当时任冀察政务委员会委员长和国民党第二十九军军长，虽然镇压学生游行，但也是重要的抗日力量、共产党统战的对象。刘少奇知道后，立刻纠正学联和北平市委的斗争策略，引导学生改喊“拥护宋委员长抗日”“拥护二十九军抗日”。天津市委组织天津学生、工人、市民一万余人走上街头，呼喊“反对日本增兵华北”“停止内战、一致抗日”等口号，为国民党第二十九军上层军官统战工作创造了条件。

刘少奇在得知国民党北平监狱中还关押着薄一波等相当一批党的骨干力量之后，就同北方局一起商量如何把这批骨干力量营救出来，以免在日军进犯后被杀害。经中央批准，他们通过一系列内线工作，把这一批同志陆续营救了出来，并派往华北各地乃至全国，极大地加强了党在华北各地的领导力量。

刘少奇领导北方局始终在统一战线中保持了主动权，成为华北抗战中的重要力量。刘少奇亲自起草《山西农民会章程》，以牺盟会的名义发布，用国民党和阎锡山可以接受的语言，达到共产党组织训练群众抗日的目的。他支持薄一波组建了新军决死队，尽管名义上是国民党和阎锡山领导下的队伍，实际上是共产党具有领导权的统一战线性质的军队。这支队伍陆续扩充为四个纵队五万余人，在配合八路军抗战方面发挥了极为重要的作用。

对于敌后抗日的斗争方式，当时党内的意见是不统一的。很多人对于开展游击战争和创建敌后革命根据地不理解。刘少奇则坚持主张在华北敌后开展抗日游击战争，明确地提出抗日游击战争将成为华北人民反对日军的主要斗争方式。他认为"要广泛地准备游击战争，要扩大八路军到拥有数十万人、枪的强大的集团军，要建立起很多根据地，我们才能担负起独立坚持华北抗战的重大任务"，他的考虑和党中央的意见是一致的。太原失守后，刘少奇根据中央的指示，大刀阔斧地创建抗日根据地，开展游击战争。1938 年 1 月 11 日，晋察冀边区临时行政委员会在阜平成立。这是全国第一个敌后抗日革命根据地，给沦陷区人民带来极大的鼓舞。

朱 德

智取宜章县城

南昌起义后，朱德带领着起义军余部转战湘赣边界。考虑到在大革命时期，湘南地区农运活动蓬勃，毗邻粤北，有很好的群众基础，所以朱德决定率领队伍前往湘南组织暴动。经过讨论，起义军将湘南暴动的第一仗选在了湖南郴州的宜章县城。

宜章县城是一座石头城，城防坚固，易守难攻。虽然当时只有一支400多人的民团驻守，县城及其周边没有敌人的正规军，起义军在兵力上占有优势，但是如果强攻，势必会有不小的牺牲。而且如果短期内不能攻下宜章，敌人很有可能派兵驰援，这将给后续开展的湘南暴动造成极大的困难。

在战前的作战会议上，有的人提议“引蛇出洞”，把部分民团引出县城加以消灭，为后续攻坚减轻负担；有的人提议

“围而不攻”，逼民团投降；还有的人提议让起义军扮成赶集的农民混进县城，里应外合，夺取宜章。听了大家的意见，朱德觉得都不太理想。他重新分析了敌我情形，一条妙计涌上心头：假扮国民党军队，智取宜章城。

朱德先是派人在宜章县城张贴了许多“布告”，上面写着“国民革命军要来宜章防匪防特”。然后，让家在宜章的胡少海以“荣归故里”的形式，带领200余名穿上国民党军服的战士大摇大摆地走进了宜章城，以接防的名义控制了宜章城各个城门要道以及要点。紧接着，在胡少海的引见下，朱德率领着大部队也光明正大地进入宜章县城。至此，起义军顺利进入宜章县城，剩下的任务就是如何解除地方民团的武装，完全控制整个县城。

虽然此时起义军已经稳操胜券，但朱德还是不愿意大动干戈、徒耗实力，他决定设宴邀请乡绅和民团长官，一举将他们捉拿，造成地方群龙无首的局面，届时起义军就可以轻而易举地解除宜章城的武装。

在“宴会”上，酒过数巡后，朱德问伪县长：“你们这里有没有农民运动呀？”伪县长恭敬地答道：“岂能没有？从前年到现在一直没有断过，闹得我们真是寝卧不安呀！”朱德点着头说：“哦，这么说你们受惊吓了。”伪县长抱抱拳头说：“哪里哪里，不过，自从去年5月许师长克祥在长沙狠狠杀了一批共产党之后，这些穷鬼也老实多了。我们团防局也出了不少力。”

这时团防局的胖长官赶紧故作姿态地说："我们团防局只有400多人，作为不大，惭愧，惭愧！"朱德看了看他，问道："那你们都做了些啥呢？"胖子急忙表功："我们关了一批，杀了一批，还活埋了一批，对付这些穷光蛋，我们有的是办法！"朱德强压怒火，又问伪县长："本县在镇压共产党和暴民中，哪些人的功劳最大？"伪县长想了想，说出了几个乡绅的名字。其他人以为要领赏，纷纷上前"邀功"。

看着这些人争先恐后的样子，朱德冷哼一声："请问各位，杀了这么多老百姓，不怕有朝一日，群众找你们算账吗？！"然后大声宣布："你们反革命的罪行都已经交代清楚了，告诉你们：共产党领导的工农革命军，已经解放了宜章！"这一晴天霹雳，吓得那些家伙目瞪口呆，一个个面如土色，浑身哆嗦。起义军当场逮捕了这些坏家伙，接着又消灭了地主武装，打开了粮仓，把粮食分给了穷苦人民。

就这样，依靠朱德的智慧，起义军不费一兵一卒，顺利解放了宜章县城。

邓小平

与“铁娘子”的较量

1982 年，时任英国首相的撒切尔夫人到访北京，就香港问题同邓小平进行会谈。撒切尔夫人以立场强硬闻名，被称为“铁娘子”。而邓小平作为经历过各种风雨的革命家，也具有超凡独特的风格，被毛泽东称为“钢铁公司”。二者之间的“较量”，一时引起了整个世界的关注。

当时，英国在与阿根廷有关马岛的争端中，刚刚取得胜利，因此前来谈判的撒切尔夫人春风得意，从一开始就摆出了先发制人的姿态。在会谈中，她强调香港的繁荣有赖于英国的统治，并说如果现在对英国的管理实行或宣布重大改变，将对香港产生灾难性影响，强势提出有关香港的三个方案和一个协议。所谓三个方案，第一个是以武力对抗中国收回香港的行为；第二个是采取“全民公决”方式决定香港前途，实际是想把香港变成第二个新加坡；第三个是实施“国际托管”。所谓一个协议，是在不得已的情况下，以主权换治权，香港主权名义上归中国所有，实际由英国继续统治。

针对撒切尔夫人的观点，邓小平立场鲜明地指出：“我们对香港问题的基本立场是明确的。这里主要有三个问题。一个是主权问题；再一个问题，是1997年后中国采取什么方式来管理香港，继续保持香港繁荣；第三个问题，是中国和英国两国政府要妥善商谈如何使香港从现在到1997年的15年中不出现大的波动。”

针对主权问题，邓小平特意提高声调，强调：“主权问题不是一个可以讨论的问题！”他十分坚定地说：“1997年中国将收回香港，不仅是新界，而且包括香港岛、九龙。中国和英国就是在这个前提下来进行谈判，商讨解决香港问题的方式和办法。”

说到这里，他特意将头略微转向撒切尔夫人，继续说道：“如果中国在1997年，也就是中华人民共和国成立48年后还不把香港收回，任何一个中国领导人和政府都不能向中国人民交代，甚至也不能向世界人民交代！”

针对撒切尔夫人“香港只有在英国管制下才能繁荣”的论调，邓小平反驳道：“香港的繁荣是香港人努力的结果，这并不能归功于英国。相反，你们英国倒是在香港得到了不少利益。我们收回后，仍然是香港人管理香港，你们可以和香港做生意。”紧接着，他做出一个有力的手势，坚定地说道：“最迟一两年，中国就要正式宣布收回香港的决策。”

邓小平的这段话说得斩钉截铁，使撒切尔夫人明白了中国收回香港的坚定决心。她只好退后一步，提出：“如果中国收回香港，就有可能发生波动，还可能出现灾难性的影响。”

听到这里，邓小平转身直视撒切尔夫人，不紧不慢、铿锵有力地说：“如果在 15 年的过渡期内香港发生严重的波动，怎么办？那时中国政府将被迫不得不对收回的时间和方式另作考虑。如果说宣布要收回香港就会像夫人说的‘带来灾难性的影响’，那我们要勇敢地面对这个灾难，作出决策。”他稍稍一顿，接着说：“我不担心这一点，我担心的是今后 15 年过渡时期如何过渡好，担心这个时期会出现大的混乱，而且这些混乱是人为的。这当中不光有外国人，也有中国人，而主要的是英国人！”

邓小平的话让撒切尔夫人在这一议题上也没有得到想要的结果。于是她转而又在“保持香港的繁荣”的问题上提出异议。

邓小平再次指出：“香港继续保持繁荣，根本上取决于中国收回香港后，在中国的管辖之下，实行适合于香港的政策。香港现行的政治、经济制度，甚至大部分法律都可以保留，当然，有些要加以改革。”

这似乎是给了撒切尔夫人一个台阶。谈话以来处处碰壁的撒切尔夫人，终于长出了一口气。

邓小平同撒切尔夫人的谈话，鲜明地表达了中国共产党和中国政府的原则立场和按时收回香港的坚定决心。

陈　云

让国民党特务的耳朵失灵、眼睛失明

1931 年 4 月，参与领导中央特科工作的顾顺章在武汉被捕叛变。顾顺章长期负责中共中央机关的保卫工作，掌握很多党内核心机密，了解只有极少数人才知道的中共中央机关和中央领导人住址，熟悉党内的秘密工作方法。顾顺章的叛变，给我们党带来的打击是“致命的”，尤其是中央特科遭到了很大损害，几年来在国民党内部逐渐建立起来的力量和关系基本上遭到破坏，许多打进敌人要害部门的地下党员无法继续坚持下去。中央特科不能正常进行工作，意味着中共中央失去了与敌人作斗争的安全屏障和预警机制。因此，必须对中央特科进行整顿和重建。中共中央决定，“特委的负责人必须以政治坚定、党籍较长，有斗争历史的干部特别是工人干部担任”。在协助周恩来处理顾顺章叛变过程中，陈云表现出突出的工作能力，在危难之际，陈云受命挑起了重建中央特科的重担。

主持中央特科后，陈云面对的首要难题就是，如何从顾顺章叛变的致命打击中开辟新的工作局面。陈云首先从改变中央特科的工作方式入手。他根据少而精的原则，调整内部组织，将已有一定程度暴露、不宜继续做秘密工作的主要干部李强、李克农、陈赓等调离上海；同时撤销第四科，并对其余三个科进行精简缩编。陈云亲自兼任一科科长。陈云还改变了特科的活动方式，要求一切工作人员的社会职业必须是真实的，有着落的，从而能够深入社会活动，通过社会活动建立起各种社会关系，以这些社会关系掩护特科的工作。同时，采取更严密的防范措施，强调单线联系，严格限制相互之间的往来。

为了做好隐蔽工作，陈云花了几千块钱，由一些同情革命的可靠人士出面，办了一些小铺子，散布在上海各个地区，以做买卖的形式掩护特科人员的往来接头。比如，他在上海红庙路派人开了一个木器家具店，像一个旧货商店的样子。那时在白色恐怖严重的上海，中央经常要根据形势的变化，设立或撤销某个机关。有了这个木器店，机关搬家的时候，东西都弄到它那里去，要成立机关，没有家具又可来搬，很方便，是仓库，又做商店，又接头。陈云自己的办公地点设在了上海山海关路的印刷所，据当时特科人员李士英回忆："我和陈云同志会面时，他穿一件长褂子，外面套一件短背心，戴一顶红帽子，俨然一个账房先生。"由于隐蔽工作开展得力，这个印刷所从来没有被破坏过。

“开铺子做买卖”，使中央特科有了比较可靠的社会根基，更利于开展隐蔽斗争。共产国际代表曾对陈云这种办法给予充分肯定，说“这个人花了几千元，搞了二三十个铺子，证明这个人不简单”。对于特科这些工作方式的变化，一个当年的国民党特务在回忆录中感叹道：“实行新的隐蔽策略之后，把我们在共党中所建立的线索，一下割断了，于是我们的耳朵又失灵了，眼睛又失明了。我们只知道共党的地下组织已经变了，但是怎样变？何人负责？机关设在哪里？一切具体情况，我们便茫然无知。”

在陈云的主持下，中央特科各项工作很快恢复，成效很显著。

任弼时

狱中智斗

1928年10月，任弼时赴安徽南陵巡视工作。为了躲避敌人的搜查，一路上他化装成商人模样，并剃掉了之前一直蓄着的胡须。当时，因通信泄密，南陵县党组织遭破坏，不少人叛变失节。任弼时于14日到达南陵县后，决定第二天参加在县城西北的古刹香油寺召开的城关地区党团骨干会议。香油寺南临一条小河，附近是小乔墓。15日下午，南陵县党团负责人王德芳领着任弼时等来到小乔墓，这时接到通知的党团员陆续来到。不料他们的行动被国民党县党部发现并安排县自卫队埋伏在附近。等到任弼时发觉情况不妙时，敌人已经拥上前来，当场逮捕任弼时等四人。走脱的王德芳当晚便赶到芜湖向党组织报告了情况。

被捕后的任弼时并没有惊慌，而是沉着冷静地与敌人进行了斗争。16日晚，南陵县法院会同国民党县党部会审。同时被捕的同志虽然遭到严刑拷问后承认是共产党员，但坚持说不认识任弼时。最后审问任弼时，他镇定自若，沉着应对，面对敌人的问讯，他坚称自己是“催收账款，顺便游玩”。敌人找不到丝毫破绽，便恼羞成怒，开始对任弼时用刑，上踩杠、施夹棍……任弼时咬紧牙关，努力控制住颤抖的身体，始终不暴露自己的身份。他后来回忆说:“我从敌人的审问中已经知道，敌人并不认识我。我要说出真名来，那就没个完了。所以，我一口咬定，坚决不承认，顶多不过是死嘛！”敌人最后没了办法，只能无可奈何地以“共党嫌疑分子”的罪名，把任弼时等人转押到安庆。在去往安庆的船上，任弼时恰好遇到了同乡彭佑亭，并通过他将自己被捕的消息传递给了在长沙的堂叔任理卿。

到安庆后，任弼时被羁押在饮马塘看守所。任弼时在狱中机警、谨慎地与敌斗争。表面上，他除帮助普通犯人翻查法律、分析案情、代写辩诉状外，很少同“政治犯”交谈，也不翻看政治书，举止言谈都符合商人的身份。但是，他暗中通过党的骨干了解狱中情况，指导狱中斗争。为了保护同志，反对敌人严刑逼供，任弼时秘密而又巧妙地领导了反口供斗争。他曾对与他同时被捕的人说，你们在先前所招的供，全都是由于严刑拷打而招的，是不真实的，不能算数。他严肃地指出:“凡是受刑招供的，都要进行翻供。希望大家要经得起狱中斗争的考验，在任何情况下都不能承认自己是共产党员，更不能供出别人……”

在狱中，任弼时还经常帮助难友分析案情，给他们以启发。在帮同时被捕的柳湜、戴映东等人分析案情时告诫他们：年轻人有个缺点，就是急躁，总想马上冲出监狱。能冲出去自然好，但明明没有这样的条件，就要准备坐牢，利用坐牢时间学习。他不同意有些人由于受急躁情绪支配，在被审讯时发脾气，骂国民党，他认为这于事无补。“你不承认是共产党，这一骂就变得承认是共产党了。要善于同敌人辩论，进行说理斗争，争取不判死刑，过好狱中生活。”在他的启发下，许多人都能以正确态度对待狱中生活，狱中学习的气氛浓厚起来，很多难友的情绪也逐渐稳定下来。

面对敌人的严刑逼供，任弼时始终守口如瓶，严守党的机密，一口咬定自己是经商的商人。敌人既无口供，又无证据，迟迟无法定案。后来任弼时夫人陈琮英通过任理卿获悉消息，当即报告了党中央。党中央指示陈琮英在监外救援。由于任弼时坚定、机智、沉着，加之党中央的及时营救，最后敌人只好以“证据不足，无法定案”为由，令任弼时保释出狱。

严于律己 廉洁齐家

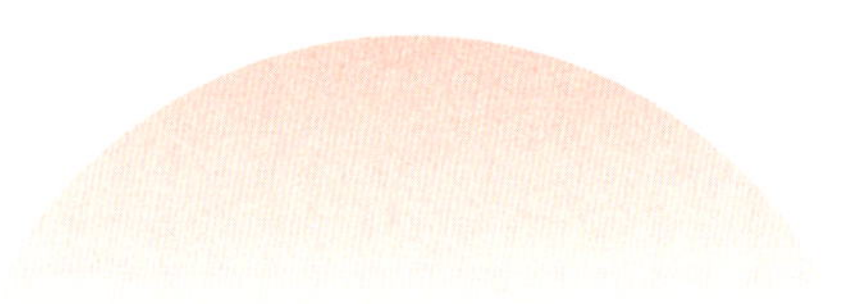

毛泽东

差一天也不行

到达西柏坡以后，毛泽东的儿子毛岸英与刘思齐确定了恋爱关系。考虑到自己都快 27 岁了，毛岸英想早点解决婚姻大事，便找了一天特地来到父亲的住处，想谈谈自己结婚的大事。毛泽东正忙于批阅文件，时不时地与毛岸英支应一句。

毛岸英试探性地问毛泽东："那我们就办理结婚手续吧？"他期待着能得到父亲的赞同。

"思齐多大了？"毛泽东问。

"18 岁。"

"周岁虚岁？"毛泽东盯着毛岸英。

"虚岁。可是差不了几个月……"眼神与父亲的眼神相碰，毛岸英显得有些局促。

"差一天也不行。我这里忙，你去吧。"毛泽东转过头，继续忙他手中的文件。

“差一天也不行？”毛岸英沮丧地走出了毛泽东的住处，但是他并没有放弃尽快结婚的念头。

过了一段时间，毛岸英和刘思齐一起来到毛泽东的住处，他们想说服父亲同意他们两个尽快结婚，因为刘思齐没多久便可达到法定结婚年龄，最为重要的一点是他们已经在为婚礼筹备了。看到两位年轻人情投意合、感情甚好，毛泽东很高兴也很满意。毛泽东问刘思齐多大了，现在结婚会不会影响她的学习等，最后还是谈到他们两个准备什么时候结婚这个问题。

“你还不到 18 周岁，着什么急呀！过几个月满 18 周岁再结婚吧。反正我同意你们结婚，等一等好不好？”毛泽东的语气不是商量，而是要求。

刘思齐点点头，又向毛岸英递眼色。毛岸英勉强表态：“好，听爸爸的。”

离开毛泽东的住处后，毛岸英心里有点失落。没过多久，他便又独自一人回到了毛泽东的房间。

“你怎么又回来了？”毛泽东皱着眉头。

“我从来都是听爸爸的，可我今年快 27 岁了，我想结婚后专心学习工作，这样，就不必在这方面花费那么多时间和精力了。”

“你还是要现在就结婚呀？”

“我们本来准备好了，这两天就结婚……”

对于毛岸英的反复，毛泽东有些恼了："我说过的话为什么不听？不是告诉你暂时不要结吗？"

"我自己的事还是我自己做主吧。"毛岸英倔强地说。

"你找谁结婚是你的自由，但结婚年龄不到，你做得了主吗？制度和纪律要做你的主！"

"岁数不到就结婚的人多着呢……"毛岸英反驳道。

"谁叫你是毛泽东的儿子！"毛泽东显然火了，声音很大，几近于"吼"了，"我们的纪律你不遵守？我再说一遍，思齐不到18周岁就不许你们结婚！"

几个星期后，毛泽东在村边散步时碰到从邻村下乡回来的毛岸英，毛岸英想避开父亲，被毛泽东叫住了。

"你不要躲我，结婚的事想通了吗？"

"想通了，是我不对。"毛岸英低着头。

"思齐呢？"

"她也想通了。我们已经商量好，过年以后再结婚。"

"这才像我的儿子嘛！"毛泽东满意地摆摆手，"你去吧。"

就这样，直到1949年新中国成立后，毛岸英和刘思齐才正式办了结婚仪式。

婚礼当晚，毛泽东在菊香书屋的西屋里简单地准备了一桌饭，宴请的宾客也只有邓颖超、周恩来、蔡畅、李富春等几个人。作为父亲的毛泽东送了一件呢子大衣给毛岸英，以此表达对他们新婚的祝福。

不要搞特殊化

三年困难时期，为了渡过难关，毛泽东以身作则，带头过紧日子。

1960 年秋，毛泽东收到了一份特殊物品：用油渣和榆树皮粉掺和而成的食物。这种食物是当时甘肃天水一带人赖以生存的东西。拿着这份食物，毛泽东十分难过。他对身旁的工作人员说："我在陕北时见过这东西，非常难吃啊。我们的人民吃苦了。"说着，毛泽东眼圈红了。

1960 年 11 月，中共中央专门就高级干部和高级知识分子特需供应问题发出指示："有关特需供应的规定，范围宜定得小些，标准宜定得低些。"为做表率，毛泽东本人中断了爱吃的红烧肉。他还特别对警卫人员交代说："我不吃猪肉和鸡，猪肉和鸡要出口换机器！"

一次，毛泽东召集中央政治局的同志开会。到了深夜，服务人员决定趁着开会，给中央领导同志做些肉馅的包子。包子做好了，服务人员高高兴兴地给中央领导同志送了上去。可是没多久，却见周恩来快步走了出来，小声地责备道："主席说了不吃猪肉，怎么包子里放肉了？""主席几天没有吃肉了，今天开会，我们想让主席和政治局的同志一起吃点！"大家回答。周恩来听后，理解地点了点头，但又严肃地说：“以后没有主席的话，不要搞。”

后来，警卫员和秘书、大夫一起向毛泽东说：“主席，您这样下去会把身体搞坏的。党和人民都需要您啊！”毛泽东对大家说：“全国的老百姓都是这样，我一个人吃了不舒服啊！”

三年困难时期，毛泽东不仅带头不吃猪肉和鸡肉，其他方面也都带头艰苦奋斗，连出差都自带行装。1961 年，毛泽东因公到无锡，自带的行装是一条 4 斤重的旧棉被，两条毛巾，两件半新的浴衣，一双磨得褪了色的皮拖鞋。第二天，服务员去取毛泽东换下来的衣服洗涤，发现他的衬衣背上打着一条长长的补丁，领子、袖子也都补过。服务员忍不住悄悄问毛泽东身边的工作人员，为什么不给主席添几件新衣服？毛泽东的卫士长回答说：他们早提过了，主席不同意，说一路上又不接见外宾，穿这个衣服不是很好吗？并说，现在国家有困难，棉布紧张。

在三年困难时期，毛泽东的女儿李讷正在北京大学读书。和学校里所有的学生一样，她也重新申报了粮食的定量。回家时，毛泽东向她问起学校的情况，她告诉父亲，自己是共青团员，应该多为国家分担困难考虑，申报时把定量压到 21 斤。

毛泽东听女儿这样说，感到很欣慰，同时也露出一丝忧虑，毕竟女儿还是在长身体的年纪。李讷接着说：“学校考虑我们正处在成长发育期，将学生的定量统一定为 27 斤。”

"这我就放心了，这个定量基本能保证学生的营养了。"她感觉到父亲好像松了口气。但毛泽东随即又说："井冈山时期，打仗的战士还吃不上这个定量。"她明白父亲的心思，想想前辈度过的更艰苦的岁月，眼前的难关就能挺过去了。

困难的日子并没有很快过去，而且仿佛在加重。一次有个卫士到北大看李讷，李讷告诉他，在学校里吃不饱，又没有油水，老觉得饿得慌。卫士回到中南海，把情况反映给李银桥，李银桥自作主张，让卫士悄悄给李讷送去了一包饼干。

几天后，毛泽东得知此事，便批评李银桥："三令五申不要搞特殊化，为什么还要搞特殊化？"李银桥辩解说："别人的家长也有给孩子送东西的。"毛泽东火了，拍着桌子说："别人我不管，我的孩子一块饼干也不许送！"一个星期天，李讷回到家里，毛泽东破例让她在家里和自己一起吃了顿饭。此时正是毛泽东给自己定下"三不"规定（不吃肉、不吃蛋、吃粮不超定量）之际，家里的饭菜也没太多的油水。可饿了一星期的李讷，看见桌子上有三四盘炒菜、一碗汤，外带辣子、雪豆腐等小碟，胃口一下就被吊起来了。她没等父亲下"吃饭"的命令，便狼吞虎咽地吃了起来。"慢点吃，别着急。"女儿的每一个细微的动作，毛泽东都看在眼里，但话音依然平静。

考虑到国家经济困难，毛泽东还带头降低工资待遇，把自己的工资由一级每月 600 元降为三级每月 404.80 元，一直到 1976 年去世也没有改变。

周恩来

过好生活关

周恩来常常教育和告诫领导干部，务必严于律己，廉洁奉公。1963年5月，他在中共中央和国务院直属机关领导干部会议上作报告，专门讲了领导干部要过好“五关”，即过好思想关、政治关、社会关、亲属关和生活关。讲到过生活关时，他说：“生活关分两种：物质生活和精神生活。物质生活方面，我们领导干部应该知足常乐，要觉得自己的物质待遇够了，甚至于过了，觉得少一点好，人家分给我们的多了就该居之不安。要使艰苦朴素成为我们的美德。这样，我们就会心情舒畅，才能在个人身上节约，给集体增加福利，为国家增加积累，才能把我们国家更快地建设成为一个社会主义强国。精神生活方面，我们应该把整个身心放在共产主义事业上，以人民的疾苦为忧，以世界的前途为念。这样，我们的政治责任感就会加强，精神境界就会高尚。”

周恩来是这样说的，更是这样做的。

他首先严格要求自己，从不搞特殊。1937 年秋天，为了发展抗日民族统一战线，周恩来要去石家庄会见国民党军官卫立煌。随行的警卫员考虑到周恩来工作繁忙，长期睡眠不足，鼻腔又经常出血，路上需要好好休息一下，就请后勤的同志去买火车包厢票。周恩来知道后，立刻加以阻止。警卫员只好说：“那就买软卧吧！”周恩来还是不同意，说：“不要软卧，就买普通票。路不长，在车上只过一个晚上嘛！”

火车到了石家庄，卫立煌派专人来接。接站的人找遍了包厢，又找遍了软卧，都没有看见周恩来的影子，还以为周恩来没有到。可是，他万万没有想到，周恩来竟然同普通旅客一起，从三等车厢里走下来。后来，这位军官十分感慨地对周恩来的警卫员说：“你们周将军这样高级的将领，只坐普通的三等车！周将军这样廉洁奉公，真是可敬可佩！”

新中国成立后，周恩来担任总理和外交部长，经常要接待很多客人。每当赶上饭点，他常说：“一块儿吃饭吧，今天我请客。”他请客吃饭一律自费，并且一般都是简朴的家常饭菜，从不大吃大喝。1952 年初夏，他邀请冰心夫妇到中南海西花厅做客，共进晚餐，吃的是四菜一汤，“最好”的菜竟然是一盘炒鸡蛋。冰心后来回忆说：“这使我感到惊奇和高兴。惊奇的是总理的膳食竟是这样的简单，高兴的是总理并没有把我们当作外人。”

1973年9月，周恩来陪时任法国总理蓬皮杜访问杭州时，请随行人员到西湖边的楼外楼吃便饭。饭后，浙江省的同志要付钱报销，他坚决不同意，饭店只得收了10元钱。在他的一再要求下，又增加了两次，共收了20元钱。到机场后，他还担心付的钱不够，又留下10元钱请机场转交饭店。这种公私分明、一丝不苟的精神，使饭店的工作人员十分感动，他们核算这顿饭菜钱，共计19元多，于是把饭菜清单、核算报告连同多余的钱，一起寄回了总理办公室。

周恩来不仅严格对待自己，而且严格要求自己的身边人。

1961年春节前夕，家乡淮安县委托人给周恩来捎来一些土特产。周恩来收到后当即委托办公室回信，并寄去100元钱。信中说：“周总理和邓大姐认为，在中央三令五申不准送礼的情况下，你们这样做是不好的。”他还在随信寄去的《中共中央关于不准请客送礼和停止新建招待所的通知》上写了意见：“请江苏省委、淮阴地委和淮安县委负责同志认真阅读，坚决按照通知的精神办。”

还有一次，周恩来曾经的警卫员、时任福州军区副司令员龙飞虎，给他捎来一筐橘子。周恩来得知后，当即要求工作人员退回去。但是因为路程遥远，水果不好退回。周恩来问清橘子值25元钱后，便让工作人员寄去50元。工作人员表示不理解，问为什么要寄去这么多钱。周恩来说：“多余的钱让他处理，不这样做，就制止不了他，这样以后他就不再送了。”果然，龙飞虎以高出一倍的价钱“卖”给总理一筐橘子，以后就再也不敢给老首长送东西了。他说：“送东西就等于敲总理竹杠，谁还敢送啊？”

周恩来的廉洁自律和俭朴作风，受到了他身边工作人员的交口称赞，也深深影响了他们。有位秘书说：“总理除了工作，个人一生别无他求。特别是生活的俭朴，更是众口皆碑。”

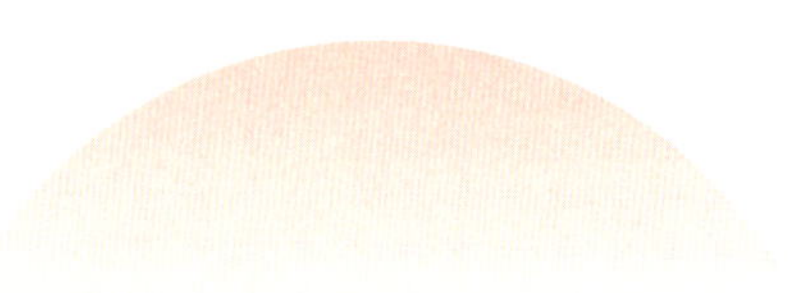

刘少奇

国家主席的日子过得这么紧

1949年8月，中共中央驻地已经从香山搬进中南海。当刘少奇访苏归来时，他的家和办公室已搬到中南海万字廊。这三间房条件非常简陋，墙壁上很多地方的油漆已经掉了，特别是到了冬天，屋里四处漏风，取暖只能依靠一个小煤炉。考虑到刘少奇每天要在这里会客、办公、休息，一些人建议将房屋扩建一些，但都遭到了刘少奇的婉拒。1952年，中南海里的西楼建成，按照分配标准，应分给朱德和刘少奇两家居住。西楼分甲乙丙三个楼，甲楼条件稍微好一些。朱德和刘少奇相互推让，谁都不肯先搬进甲楼。刘少奇说："那房子离街远点，安静。总司令年纪大，住在那里比较合适。"朱德则认为："甲楼房子大点，又有会议室，少奇同志开会多，先搬进去住吧。"最后在朱德的坚持下，刘少奇才搬进了甲楼。甲楼条件还是非常朴素简单，家具简陋，20 平方米的小房子中只有一张办公桌、一对沙发、一把藤椅和几个书架、文件柜。每到冬天，四个大窗户呼呼进风，非常寒冷；可一到夏天，西墙太阳又晒得屋子里很闷热。

刘少奇和夫人王光美的工资并不低，可家里的生活总是很拮据，秘书刘振德一直很纳闷。直到 1963 年的一天，王光美出差，刘少奇将家中的储钱盒交给了刘振德代为保管，刘振德才知道其中的“秘密”。原来，刘少奇家的储钱盒仅仅是一个普通的木盒，里面装的是一些零钱和各种票证。刘振德清点完发现，这是刘少奇家仅存的十几元钱。盒子里还有王光美列的清单，内容如下：

1. 给卫士组 100 元，为少奇同志买烟、茶和其他日用品；

2. 给郝苗同志（厨师）150 元，全家人的伙食费；

3. 给赵淑君同志（保育员）工资 40 元；

4. 给外婆（王光美母亲）120 元，作为 5 个孩子的学杂费、服装费和其他零用钱；

5. 少奇同志和我的党费每月交 25 元；

6. 每月的房租、水、电等费用需 40 元。

如此一来，刘少奇和王光美每月的生活费就所剩无几了，生活拮据在所难免。盒子里的针头线脑，是王光美平时用来给孩子们缝补衣服时用的。在刘振德代管钱盒子的时候，刘少奇安排他给自己以前新四军时的警卫员 50 元补助，但盒子里的钱已经没有多少了。正在刘振德为难时，王光美出差回京，这才解了围。谁能想象出来，国家主席的日子过得这么紧。

刘少奇不仅对自己要求严格，对身边的人要求也很严格。刘振德刚到刘少奇身边工作的时候，刘少奇就严肃地和他谈起了“约法三章”：“一是要如实地向我反映情况，要说老实话办老实事。凡是要经过我办的、要请示我的事情，你们不要自作主张。对外要如实传达我的意见、我的话。不要以我的名义干其他个人的、别的事情。二是保守机密。在这里工作，有些事知道得早一点，多一点，不能搞小道消息，对谁都一样，包括我的孩子，都一样。三是对外联系、传达我的意见，或人家打电话来，要注意态度和蔼、谦虚，不能盛气凌人。要埋头苦干，夹着尾巴做人。处理问题要及时，要紧张而有序地工作，轻重缓急要安排好。”最后，刘少奇又强调了一句：“我这里没有什么节假日，就是需要任劳任怨、埋头苦干。”

刘少奇对家人要求也非常严格。他规定家人一律不许乘公车。王光美去医院看病骑自行车，几个孩子上下学也都骑自行车。连他自己去理发等，都算私用车，还叫警卫员一一记账，再从他工资里扣除。20世纪60年代国家困难时期，刘少奇的几个子女都按照他的要求坚持在学校住宿吃饭，和别的孩子一样。他说：“国家主席的孩子应该和工农群众的孩子一样，不能搞特殊。群众吃不饱，我们有责任。让孩子们尝尝吃不饱的滋味，有好处。等到他们将来为人民办事的时候，会更好地总结经验教训，再不要让人民吃不饱饭了。”

有一次，北京第二实验小学食堂给每个学生发了几块有些发霉的白薯干当午餐。刘源咬了一口，觉得味道不好，就给扔了。刘少奇听说这件事情后，语调沉缓地告诉他：“目前整个国家正处在困难时期，怎么说你们还有吃的，偶尔才吃上这么一点不好吃的东西。你要知道，还有许多群众连这样的东西都吃不上呢。你们还没有尝过吃不饱的滋味。你们应该尝尝群众吃不饱的滋味，那样才会有和群众同样的感受，才会有人民的观念。将来你们为人民办事的时候，也才会和人民站在一边。”听了父亲的话，刘源感到很惭愧，回到学校第一件事就是将自己扔掉的白薯干找了回来，冲洗干净，吃了下去。

朱 德

总司令的吃穿住

看看朱老总是怎样对待吃穿住问题，或许可以从一个侧面反映他清廉简朴的品格。

一天，朱德看到身边的工作人员在搞环境卫生，很高兴，说了一段意味深长的话：“每个人都要锻炼，要能吃苦，有朴素作风。人们都是‘从俭入奢易，由奢入俭难’。有些人本来出身很苦，但进城以后就变了，不俭朴了。我们党是真正马克思主义的政党，只有我们才能用这么大的力量和时间来改造社会，不但要改造经济，而且还要改造思想意识和道德风尚。旧习气不可能一下子除掉，沾染旧习气也很容易。如果不养成朴素、节约的习惯，生产无论怎样发展，人们的欲望也是难于满足的。”

他主张艰苦朴素，不只是教育别人，首先是自己身体力行。新中国成立后，直到他去世前，他在衣、食、住、行各个方面，处处节俭。他的朴素作风，不只是他身边的人称道，凡是接触过他的人，都有口皆碑。

先说吃的方面。给朱德做过厨师的一位师傅曾回忆说："一般人以为朱老总是中央领导，吃饭是特灶，标准一定很高。可实际上，从解放进北京到1971年我生病离开中南海，老总、康大姐和我三个人加起来的伙食费平均每月都不过四五十元，就是按当时的标准，也只是一般中层干部的水平。"平时，康克清在机关食堂吃饭，在家里吃特灶的只有朱德自己，每顿都是一小碗米饭，三小盘菜，一个汤。三小盘菜中，一盘素菜，一盘半荤半素的菜，一盘是他亲手腌制的泡菜。汤则是一碗普通的菜汤或鸡蛋汤。几乎天天如此。有时来了客人，朱德嘱咐添一两个简单的菜，不够就上一点泡菜，从不铺张。

有一天，机关供应站来了一批对虾，厨师知道朱老总爱吃鲜鱼虾，就买了几个，精心烹好，端到饭桌上。朱德一见，就问是从哪里来的，多少钱一斤，然后说："对虾是好吃，可你知道吗，一吨对虾到国外就能换回好多钢材哟！我们国家穷，缺钢材，对虾少吃一口有啥关系，进口钢材更要紧。记住，以后再有对虾不要给我买了，买了我也不吃。"厨师说："您是国家领导人，就是顿顿吃对虾能吃多少？"朱德说："国家领导人就更要想着国家，能节约一点就节约一点。"

三年困难时期，朱德一直紧缩自己的饮食标准。他减少了粮食定量，也很少吃肉，有一段时间干脆不吃肉，常吃一种把米和菜煮在一起的“菜糊糊”。他家里由于来往的客人多，有段时间粮食亏空了40多斤，工作人员想报请机关行政部门把短缺的粮食补上，朱德坚决不同意。一天，他亲自指导厨师做了一顿“菜糊糊”，请身边的工作人员吃。他对大家说：“今天请你们吃这顿饭，是让大家不要忘记过去战争年代那种艰苦奋斗的精神。现在国家经济困难，人民生活艰苦，我们要想到全国人民，和人民一起渡难关，能节约一点是一点。”这样，他坚持和家里人一起吃“菜糊糊”，硬是用“瓜菜代”的办法，把短缺的粮食补了回来。

朱德到各地视察时，从不允许大吃大喝，当地什么方便就吃什么，从不挑剔或提特殊要求。1960年他回四川老家，一到就说明要吃家乡饭，其他通通不要。在南充，他吃了清明菜和米粉做成的馍馍。在成都，他吃烤红薯，服务人员见他不剥皮就吃，关心地说：“连皮吃不好消化。”他说：“不要紧，我消化得了。”

还有一次，他回到阔别30多年的井冈山。井冈山人民出于对总司令的爱戴，准备了一些菜肴来款待，可是他一一谢绝了。他提出要吃红米饭和南瓜汤，说：“井冈山的红米、南瓜，我已30多年没吃到了，很想吃。”有一顿，南瓜没有吃完，他叮嘱说：“请不要倒掉，留着，下顿饭热一热我再吃，倒掉就可惜了！”

在穿的方面，朱德的衣着也非常俭朴。他经常穿一身布衣服。有的衣服穿了多年，领口、袖口、肘部和膝盖处都打了补丁，还继续穿。有两身较好的服装，也只有接见外宾、参加大的国事活动或外出时才穿，一回到家里，就又换上了旧衣服。

朱德卧室的家具，十分简单，且都是用了多年的。床，是一张旧棕绷床，床单、被子、褥子，也是用了二三十年，打了补丁的。他坐的一个沙发很旧，也很矮。年纪大了，坐下去，再站起来很吃力。工作人员早就提出要换个新的，他坚持不让换。为了起坐方便，他让人用四根木头把沙发腿接高了一截，照样使用，还风趣地称这个沙发是“土洋结合”。

朱德住的房子也并不宽绰，而且是旧房子。20多年间，管理部门多次提出要修一修，朱德一直不答应，总是说：“这房子很好嘛，有钱应当多给老百姓盖点新房子。”他用的卫生间窄小，洗澡盆很高，特别是他到了晚年，手脚不灵便，又有病，进出洗澡盆很费劲，容易出危险。看到这种情况，工作人员商量要把澡盆改装一下，放低些，上面再加个喷头。可是说了几次，朱德都没有同意。直到1976年他病重最后一次住进医院，趁他不在家，大家才悄悄地把澡盆改装了一下，准备在他出院后挨他批评。结果，这番心思白费了，朱德还没有使用一次就与世长辞了。

邓小平

不搞特殊照顾

1949年11月，刘伯承和邓小平带领部队，解放了重庆；12月，贺龙进驻成都。至此，被称为“大陆最后一战”的西南战役胜利结束。随后，在以邓小平为首的西南局领导下，西南的各项建设工作全面展开。

当时，邓小平身兼中共中央西南局第一书记、西南军政委员会副主席，可谓西南“实权”人物。作为土生土长的四川人，他的很多亲人都在西南。得知邓小平当了“大官”后，他们都希望得到一点照顾。

重庆刚解放时，邓小平的弟弟妹妹们就来到重庆，满怀希望地想请大哥帮忙介绍工作。邓小平热情接待了他们，但当他们表明来意，邓小平严肃地说：“中央、毛主席把西南交给我来主管，规矩是我拍板制定的，我制定的规矩我首先来破坏，今后如何管理？弟妹们，请你们理解大哥……”他接着说：“共产党的工作从来不白给，组织上首先要进行审查，合格了才有资格参加工作，你们应该去考干部学校，考上了就有机会参加革命，没考上就自谋出路吧……”当时整个西南百废待兴，教育、行政、经济等许多部门都急需人才，所以西南军政委员会在重庆办起了西南人民革命大学和西南军政大学，培养地方急需的干部。邓小平的弟弟妹妹们听了邓小平的话，经过刻苦学习，凭自己的能力分别考上了这两所大学。学习结业后，他们先后走上了工作岗位。

1950 年春天，邓小平的舅舅和继母也来到重庆投靠他。邓小平的舅舅其实只比他大四岁，虽说是两辈人，但他们从小在一起捉迷藏、玩耍，完全像一对志趣相投的小伙伴。舅舅比邓小平大，处处护着邓小平；邓小平机智聪明，舅舅有了事他就主动帮忙。因此，二人之间有着深厚的感情。邓小平对继母更是满怀感激之情，因为他的父亲去世后，自己参加革命根本顾不上家里，全家全靠继母一个人支撑。

二人来到时，邓小平正在召开会议，突然接到警卫员的报告：“政委，您舅舅和老娘从广安老家来了。”邓小平一怔。警卫员继续说：“要不要通知卓琳校长，叫她回来招呼一下？”邓小平把手轻轻一挥：“不用了，告诉接待科安排他们在招待所住下。”

工作结束后，邓小平才来到舅舅和继母下榻的地方。看到邓小平来了，他舅舅劈头就说：“好哇，贤娃子（邓小平的乳名），你当真当了大官，六亲不认了！皇帝老子还有三个草鞋亲嘛！”邓小平苦笑：“你到重庆来看我，我晓得也该给你在重庆谋个差使。但是，共产党的差使不白给啊……”经过邓小平的安抚和解释，他的舅舅也理解了邓小平的难处，表示：“舅舅虽然没得啥子本事，但是养活自己还没得问题！”

1950 年 10 月开始，邓小平领导西南人民开展了轰轰烈烈的土地改革运动。在土改过程中，如何处理邓小平家里的相关财产，成了广安县委、土改工作队的一个难题。为此，他们写了一份报告，请邓小平亲自指示。邓小平在报告上亲笔写下：“……按政策办事，不搞特殊照顾……一切家产全部分给农民……”接到邓小平的信后，广安县委、土改工作队深受教育，非常感动，立即按邓小平的指示办事：9 户农民搬进邓小平旧居居住，正房留下两间做村办公室。后来随着人口增多，住户增加，邓小平旧居里的房前屋后搭起了灰棚、畜圈，院子变得十分拥挤。1958 年、1959 年，又在院内办过公共食堂、民办小学……几经变迁，邓小平旧居已与普通农舍没有两样。

1989 年 11 月 14 日，邓小平的舅舅因病去世。广安县委考虑到他与邓小平的特殊关系，便将他病逝的消息和住院治疗的过程通过地委、省委，详细报告了邓小平办公室，并请示下一步的工作。听到舅舅去世消息的邓小平，内心不免一阵失落。但是邓小平仍然没有搞特殊，而是委托办公室工作人员给广安县委转达了三句话：“知道了”“规格够高了”“不再送什么了”。

陈　云

遵守纪律首先要从自己做起

20世纪60年代的一个夏天，陈云的妻子于若木上街为他购买了一床高价毛巾被，结果买来第二天，报纸上就刊登出消息，由于国家经济恢复到可以取消高价商品了，即日起所有商品都降为平价。由于心疼高价购买多花了钱，于若木有点抱怨，对陈云说“怎么不提前说一声”，陈云严肃地回答道：“这是国家的经济机密，我怎么可以在自己家里随便讲？我要带头遵守党的纪律。”

对自身的待遇条件，陈云也是严格按照规定办事。1961年11月上旬，北京城遭遇了一次大的寒流，冷空气来势汹汹，气温降得很快。国务院规定应该11月15日开始供暖，陈云虽然没有住在中南海，而是北长街一处独自供暖的小院里，但他严格遵守供暖制度，要求工作人员不到15日不准点火烧暖气。

周恩来总理去了，看到陈云那里太冷，于心不忍，特许提前几天供暖，陈云却不同意，坚持着说："11 月 15 日供暖的时间是我定的，我不能破这个例。"

看待自己的功劳成绩，陈云更是谦虚清醒，严格自律。1990 年，上海市青浦县决定在陈云旧居基础上建立"陈云同志革命历史陈列馆"。陈云知道这一情况后，专门带信给当地有关部门，要求不要搞个人的革命业绩陈列馆。他强调，一切归功于党的正确领导、归功于革命人民的艰苦奋斗；离开了党、离开了群众，个人的能耐再大，也势必一事无成。最后，根据陈云的意见，青浦县将建成的陈列馆在展出内容和范围上进行了调整，改为陈列青浦县各个时代的所有革命先驱的斗争历史和业绩，并正式命名为"青浦县革命历史陈列馆。"

在生活上，陈云清廉自守，十分俭朴。陈云长期主管经济工作，虽然掌握着财政大权，但是他自己却过得极其俭朴、节约，处处从严要求自己。出于工作需要，陈云有两套毛料中山制服，只有在重大节日或者外事活动时才穿，平时都是穿布衣布鞋。毛料衣服时间一久，胳膊肘、膝盖等地方就磨得很薄，家人想给他重做一套新的，他知道后却说不要做，旧的补一补还可以穿，最后只好请工厂的老师傅对磨薄的地方重新织补。陈云穿的大衣都是两用的，春、秋天是大衣，到冬天把做好的厚绒衬里用几个纽扣扣上就是厚大衣。他有一个刮胡刀，刀架是 1935 年他由上海秘密去苏联之前买的，刀片是他到苏联之后买的。3 个刀片用了 10 年，而刀架一直用到 1995 年他逝世之前。饮食上，陈云也是非常简单，逢年过节也不例外，都是日常的馒头、米饭、花卷和青菜豆腐等炒菜，从不吃高档菜和山珍海味。哪怕是出差到外地，当地要请客或要给他做些好菜吃，他都婉言谢绝。

陈云不仅严于律己，而且严格要求家人。他给家人定下了“三不准”：不准随便进出他的办公室；不准翻看、接触只供他阅读的文件；不准搭乘他使用的小汽车。1968 年，小女儿陈伟兰从解放军艺术学院毕业，被组织分配到了西藏。当时西藏条件非常艰苦，有人给陈伟兰出主意，说你可以让你的父亲跟领导打个招呼，你就不用去西藏吃苦了。当时只有 18 岁的陈伟兰回家向陈云表达了这个意思，陈云严肃地说：“我不能给你讲这个话，别人都能去，你也应该能去。”他还鼓励女儿：“再大的苦难也不要害怕，别人能干，你也能干。”

对自己身边的工作人员，陈云也一样严格要求，时时提醒告诫。一次，警卫员张庭春被分配了其他工作，临行前来看望陈云，问自己到了新的工作岗位，老首长有什么交代的。陈云告诉他，今后不管到哪里，做什么工作，永远要记住一条：公家的钱一分都不能动。国家今天不查，明天不查，早晚都要查的，记住这一条，就永远不会犯错误。

任弼时

决不能做特殊党员

任弼时虽在党内身居要职，但从不违反纪律、以权谋私。他常说：“在党内，任何个人不管他是军长、政委，都是普通一员，都要服从组织，决不能做特殊党员。”

在率领红六军团西征过程中，任弼时不幸得了疟疾。行军过程中，他身体非常虚弱，常常满头满身冒虚汗、打摆子。战士们担心他的健康，就做了一副担架，请他躺在担架上前进。但是任弼时坚定地摇摇头说：“不用！”然后坚持拄着拐杖，蹒跚着向前走去。后来他的身体越发消瘦，加上地形更加崎岖，为了不耽误行军，在同志们的反复劝说下，任弼时才勉强同意躺在担架上。但是，他也只是在担架上休息一会儿，等体力稍有恢复，便马上又下来，嘴里还说着：“不要紧，不要紧，我能走。”一次，敌人将我军围在了一个山坳，只有一个很小的口子能够行军。警卫员害怕任弼时有危险，着急得想带着他先行突围。但是任弼时却坚持让战士们先走。眼看敌人围了上来，警卫员焦急地再次催促任弼时赶快突围，但是他仍然平静地说："再等等。"直到看到部队差不多过完了，任弼时才上路。

他担任中共中央秘书长期间，正值陕甘宁边区经济最为困难的时期，党中央号召军民开展大生产运动。任弼时既是大生产运动的领导者，也是一名普通劳动者。他和中央其他领导同志一起开垦了一块地，种上了玉米和蔬菜。他还向王震要了一部纺车，工作之余盘腿而坐，练习纺线。他眼睛近视，开始纺的纱不是粗细不匀，就是常常断头。但他不怕困难，虚心向其他同志学习。1943 年 3 月，中央直属机关在枣园举行纺纱比赛，任弼时因纺的纱量多质优被评为第一名，他纺的纱还被拿到生产成果展览会上展览，一时被传为佳话。

任弼时深知群众疾苦，尽可能紧缩开支，减轻地方政府负担，部队用的信封多是用旧报纸糊的，起草文电常常用废旧印刷品的背面。他常常告诫同志们："边区政府也很困难，我们实在没有办法的东西，可以要一点；有些东西可要可不要，没有那东西也可以过日子！"公家发来用品，任弼时总是会问警卫员："是按制度发的，还是同志们提出特别要求要来的？"有时发现不是按制度发放的物品，他就会严厉地批评道："凡事不要超过制度，我们一丝一毫也不能特殊！"然后就要求警卫员将东西退回去。

作为中央秘书长，任弼时负责的事情很多，包括领导和同志们的衣食住行，但他从来没有为自己搞过特殊。有一次，工作人员看到他炕上铺的单子破得不像样子，打算给他换条新的。任弼时说：“不要，不要，你给别的同志吧！”任弼时盖的被子是 1935 年长征时战士送给他的战利品；一条毯子是 1934 年红六军团突围时缴获敌人的战利品；一件毛衣是他的夫人陈琮英用自己的一条毛围巾改编成的，任弼时穿了十多年，早已多处破洞、无法再补了，但他还是穿在身上。

任弼时不仅严格要求自己，而且教育家人不搞特殊。任弼时有个 20 多年没见的妹妹，叫任培辰。任培辰希望哥哥能出面写封信给湖南省委，为丈夫谋个工作，但任弼时婉言拒绝了。他对妹妹说：“这虽是件小事，但是为了私事给省委写信影响不好。”